Maren Bustorf-Hirsch

Keime
und Sprossen
in der Naturküche

FALKEN VERLAG

INHALT

VORWORT

Man erzählt sich die Sage, daß vor einigen tausend Jahren chinesische Seefahrer in Seenot gerieten und ihnen fast der Proviant ausging. Sie besaßen nur noch getrocknete Sojabohnen, die unter dem Einfluß der Feuchtigkeit gekeimt hatten. In ihrer Not probierten sie diese, und die Überraschung war groß: die gekeimten Bohnen schmeckten äußerst delikat und verliehen den Seefahrern zudem noch ungeahnte Lebenskräfte. Die Sojabohnensprossen waren geboren.

Als im »radioaktiven« Frühling und Sommer 1986 bei uns in den Gärten und auf den Feldern das Gemüse, der Salat und die Kräuter zu wachsen begannen, mußten sie, wegen zu starker Strahlenbelastung, schon bald oder direkt nach der Ernte vernichtet werden. Aber was sollte man dann essen? Von offizieller Seite wurde empfohlen, auf Dosengemüse, Fertiggerichte und Tiefkühlkost zurückzugreifen, die schon vor dem Reaktorunfall verarbeitet wurden. Leider kannten nur wenige Menschen Sprossen und Grünkräuter!

Aber nicht nur in solch extremen Situationen sind Sprossen und Grünkräuter genau das richtige Lebensmittel! In konzentrierter Form liefern sie uns zu jeder Mahlzeit unbehandelte Nahrung. Sie sind das frischeste Lebensmittel, das Sie sich vorstellen können. Denn Sprossen und Grünkräuter wachsen ohne großen Aufwand auf kleinstem Raum in Ihrem Zimmer heran und den Erntezeitpunkt bestimmen Sie. Alle, die gerne etwas Frisches mögen, werden von ihrem Geschmack begeistert sein. Ein weiterer Vorteil ist der hohe Mineralstoff- und Vitamingehalt, der Sprossen und Grünkräuter zu Gesundheitsspendern macht.

Kurzum: Sprossen und Grünkräuter sind das Lebensmittel unserer Zeit! Kinder und Erwachsene, vor allem jene, die in Städten wohnen, sie sind alle fasziniert von dem Gedanken, mehr oder weniger zum Selbstversorger zu werden. Denn unabhängig von der Jahreszeit, unabhängig von einem Garten, ohne Chemie und ohne Umweltbelastung können Sie sich aus Samen selber schmackhafte und gesunde Lebensmittel ziehen.

KEIME UND SPROSSEN — HOCHWERTIGE LEBENSMITTEL

WELCHE SAMEN EIGNEN SICH?

Aus jedem Samenkorn wächst unter ganz bestimmten Umweltbedingungen eine Pflanze heran. Diese bezeichnet man in den ersten Tagen ihres Wachstums als Keim, Sprosse, aber auch als Keimling. Auch Samen selbst spielen in der menschlichen Ernährung eine große Rolle. Denken Sie zum Beispiel an die vielen verschiedenen Getreidesamen, an Hülsenfrüchte, an Nüsse und Ölfrüchte. Die letzten beiden kann man sogar in unverändertem Zustand, ohne irgendeine Be- und Verarbeitung, essen. Getreidesamen und Hülsenfrüchte dagegen sind so hart, daß man sie erst mahlen oder schroten, kochen oder backen muß, bevor man sie verspeisen kann.

Läßt man Samen aber keimen, so werden sie weich, damit eßbar und außerdem durch den Keimprozeß zu einem überaus hochwertigen und gesunden Lebensmittel.

Sie können heute bereits eine Vielzahl von Samen speziell für die Sprossenzucht kaufen:

Getreide:
Weizen, Gerste, Hafer, Roggen und Hirse

Hülsenfrüchte:
gelbe Sojabohnen, Mungobohnen, Adzukibohnen, Kichererbsen, grüne Gartenerbsen, Linsen, Alfalfa (Luzerne) und Bockshornklee

Sonstige:
Senf, Rettich, Kresse, Lein, Sesam, Sonnenblumen, Buchweizen und Kürbis

Gartenbesitzer, die selber Samen gewinnen, können auch mit anderen Gemüsesamen experimentieren. Auf keinen Fall dürfen Sie Samen von Pflanzen verwenden, deren Blätter nicht genießbar oder gar giftig sind (z. B. von Nachtschattengewächsen wie Tomaten und Kartoffeln).

Alle Bohnensamen (Buschbohnen, Stangenbohnen, Kidneybohnen usw.), mit Ausnahme der oben genannten gelben Sojabohnen, Mungobohnen und Adzukibohnen, dürfen nicht für die Sprossenzucht verwendet werden (vgl. hierzu das Kapitel »Die Inhaltsstoffe der Sprossen«).

Auch Samen aus Samenhandlungen sollten Sie nicht zum Keimen verwenden, greifen Sie am besten auf Samen, die speziell für die Sprossenzucht ausgesucht sind und auf Getreide aus kontrolliert-biologischem Anbau zurück. Sie erhalten sie in Reformhäusern und Bioläden.

DER KEIMPROZESS

Alle Samenkörner – einerlei von welcher Sorte – sind vom Prinzip her gleich aufgebaut: Sie besitzen eine Keimanlage mit einem Knospenansatz, der sich später zu den Stengeln und den Blättern entwickelt, und einen Wurzelansatz, aus dem sich die Wurzeln bilden. Diese Keimanlage ist besonders reich an Fett, Eiweiß und Mineralstoffen. Sie ist meist eingebettet in Nährgewebe, das hauptsächlich aus Kohlenhydraten, aber auch aus Fett und Eiweiß besteht und das der Keimanlage sozusagen als Vorratskammer dient. Umgeben wird der Samen meist von zwei Schalen, der Frucht- und der Samenschale, die beide viele wertvolle Vitamine, Mineralstoffe und Enzyme enthalten.

Alle diese Nährstoffe werden so lange gespeichert, sozusagen auf natürliche Weise konserviert, bis der Samen unter günstigen Umweltbedingungen aus seinem Dornröschenschlaf erwacht und anfängt zu keimen. Hierfür benötigt ein Samenkorn Wärme, Licht, Sauerstoff und Feuchtigkeit.

Um Sprossen zu Hause zu ziehen, müssen diese Bedingungen ebenfalls erfüllt sein. Deshalb wird der Samen in Wasser eingeweicht. Dadurch quillt er auf, die Samenschale platzt, die Sprosse beginnt sich zu entwickeln, und die Lebensvorgänge setzen ein.

Der Quellvorgang stimuliert eine Kette von Reaktionen, die bereits vorprogrammiert ist. Hormone beeinflussen die Bildung von Enzymen, durch die die Nährstoffe abgebaut bzw. in ihre Einzelbausteine zerlegt werden. Dadurch werden sie für den Keimling verfügbar gemacht. Vitamine und Mineralstoffe werden aufgebaut, die Pflanze beginnt zu wachsen.

Damit dieser Keimprozeß auch reibungslos ablaufen kann, müssen die folgenden Bedingungen ebenfalls erfüllt sein:

- Die Keimung verläuft nur bei 18 bis 22°C optimal.
- Direkte Sonneneinstrahlung schadet dem Keim, er benötigt meist indirektes Licht.
- Die Samen brauchen auch während der Keimung ausreichend Feuchtigkeit.
- Sprossen benötigen für ihren Stoffwechsel Luft.

Während der Keimung werden die gespeicherten Nährstoffe abgebaut. Kohlenhydrate, das heißt die Stärke als Hauptspeicherstoff, wird in Saccharose, Glucose und Fructose gespalten. So ist sie für den Keimling und für den menschlichen Organismus verwertbar. Auch die anderen Hauptnährstoffe Fett und Eiweiß werden abgebaut, und neues Pflanzengewebe wird aufgebaut.

DIE INHALTSSTOFFE DER SPROSSEN

Wie bereits gesagt, werden während des Keimprozesses die Hauptnährstoffe bis zu ihren Einzelbausteinen abgebaut. Sprossen sind somit in der Ernährung leicht verdaulich und bekömmlich. Parallel zu diesen Abbauvorgängen finden jedoch auch viele Aufbauvorgänge statt. So nimmt der Eiweißgehalt leicht zu, was in erster Linie durch die gesteigerte Enzymsynthese hervorgerufen wird. Bekannt und berühmt geworden sind Sprossen jedoch aufgrund ihres hohen Mineralstoff- und Vitamingehalts. Obwohl die Samen schon von Natur aus vitamin- und mineralstoffreich sind, kann man während des Keimprozesses nochmals eine Steigerung, insbesondere bei Kalzium, Natrium, Zink und Mangan, beobachten, jedoch hängen die Steigerungsraten auch von der Samensorte und der Qualität des Wassers ab. Noch auffälliger ist der enorme Anstieg des Vitamingehalts. So konnten in wissenschaftlichen Untersuchungen Steigerungen bei Karotin bis zum 4fachen, bei Vitamin C vom 3- bis zum 4fachen und bei den Vitaminen des B-Komplexes bis zum 3fachen des Gehalts im getrockneten Samen festgestellt werden.

Ohne Vitamine und Mineralstoffe können keine menschlichen Stoffwechselprozesse ablaufen, keine Zellen aufgebaut, kein Blut und keine Knochen gebildet werden. Sie sind für die Streßbewältigung ebenso nötig wie für die Stärkung körperlicher Abwehrkräfte und für viele andere Vorgänge mehr. Kein Wunder, daß den Sprossen gerade in der heutigen Zeit, in der unsere Ernährung üblicherweise vitamin- und mineralstoffarm ist, die Belastungen für unseren Körper aber sehr groß sind, als hochwertiges Lebensmittel eine besondere Rolle in der Nährstoffversorgung zukommt.

Vitamingehalt in Sprossen und Gemüsen
(mg/100 g Frischsubstanz)
(Die Portionen entsprechen üblicherweise verzehrten Salatmengen.)

Art	Portion	Vitamin C	Thiamin (B$_1$)	Niacin
Alfalfasprossen	70 g	10,3	0,07	1,12
Kopfsalat	70 g	7,0	0,04	0,28
Mungobohnensprossen	100 g	13,0	0,14	0,50
Linsensprossen	150 g	33,8	0,31	keine Angaben
Chicoréestauden	150 g	15,0	0,07	0,03
Paprikaschoten	150 g	210,0	0,10	0,60
Tomaten	150 g	36,0	0,09	0,90
Sojabohnensprossen	200 g	24,0	0,38	1,76

(nach B. Boese et al.: »Keimlinge – eine Bereicherung des Gemüseangebots?«, AID-Verbraucherdienst 31 (1986) Heft 3)

Nun gibt es teilweise in Samen aber auch Stoffe, die für den menschlichen Stoffwechsel unerwünscht oder gesundheitsschädlich sind. Zu nennen sind hier insbesondere bei Hülsenfrüchten Enzyminhibitoren, Hämagglutinine und die Phytinsäure. Stoffe, die normalerweise durch das Erhitzen zerstört werden.
In Untersuchungen konnte man feststellen, daß auch während des Keimprozesses diese Substanzen teilweise abgebaut werden und somit dem Rohessen wenig im Wege steht. Wer ganz sicher gehen will, kann die Sprossen vor dem Gebrauch kurz blanchieren. Auch der Nitratgehalt von Sprossen ist im Vergleich zu anderen Gemüsesorten relativ gering. Das liegt zum einen daran, daß Nitrat in Samen nur in geringen Mengen eingelagert wird, zum anderen richtet sich die Höhe aber auch nach der jeweiligen Sorte. Hinzu kommt, daß der Nitratgehalt mit zunehmender Keimdauer sinkt.

Sprossen	Nitratgehalt (mg/kg Frischsubstanz) Keimdauer in Tagen		Reduktion %
	4	6	
Alfalfa	774	500	35
Rettich	1125	725	35
Mungobohne	1500	925	38

(nach B. Boese et al.: »Keimlinge – eine Bereicherung des Gemüseangebots?«, AID-Verbraucherdienst 31 (1986) Heft 3)

Sprossen als Lebens- und Heilmittel

Sprossen sind, wie bereits erwähnt, durchaus keine Erfindung unserer Zeit, auch wenn es auf den ersten Blick so aussehen mag. Bereits vor über 3000 Jahren erforschten Gelehrte in China die Heilkräfte der Sprossen. Sie erkannten ihre besondere Wirkung und verordneten sie als Medizin bei den verschiedensten Krankheiten (Hauterkrankungen, Verdauungsbeschwerden, Muskelerkrankungen usw.).

Aber nicht nur in China, sondern eigentlich überall auf der Welt sind gekeimte Samen schon lange als Lebensmittel bekannt. So spielen bei den legendären Hunzas, einem Volk, das völlig abgeschlossen im nördlichen Indien lebt und für seine robuste Gesundheit und hohe Lebenserwartung bekannt ist, gekeimte Samen eine zentrale Rolle in der Ernährung. In Afrika braut man aus gekeimter Hirse Bier, bei uns aus gekeimter Gerste, und diese wird bei uns auch getrocknet und gemahlen als Kaffee-Ersatz verwendet. In der Tiermedizin werden Getreidesprossen schon seit langem als Intensivnahrung verwendet.

Der Wert verschiedener Sprossen wurde vor etwa 20 Jahren in Amerika »wiederentdeckt«. Man fand erneut heraus, daß sie nicht nur ein schmackhaftes, sondern auch ein außerordentliches gesundes Lebensmittel sind. Besonders die Steigerung des Vitamin- und Mineralstoffgehalts sowie der Abbau schwer verdaulicher Substanzen in Hülsenfrüchten während des Keimprozesses zeichnen die Sprossen aus. In Amerika wurden bereits erfolgreiche Versuche unternommen, zahlreiche Zivilisationskrankheiten wie Arteriosklerose, Diabetes mellitus und Herz- und Kreislauferkrankungen durch eine spezielle Ernährung, in der Sprossen und Grünkräuter eine wichtige Rolle spielen, zu mildern oder ihrem Auftreten vorzubeugen. Die wertvollen Inhaltsstoffe, die in so konzentrierter Form in Sprossen und Keimen vorhanden sind, sind aber nur ein Punkt, der für dieses Lebensmittel spricht.

Ganz allgemein sind unsere Nahrungsmittel heutzutage vielfältigen Umweltbelastungen ausgesetzt. Ob es sich um Schadstoffe aus der Luft oder aus dem Wasser, um Rückstände chemischer Pflanzenschutz- und Düngemittel oder gar um erhöhte Strahlenbelastung handelt – Sprossen und Keime wachsen unbeeinflußt davon, denn sie werden im Zimmer gezogen und geerntet.

Völlig unabhängig von Wind und Wetter, von Sommer und Winter oder von einem Garten ziehen Sie selbst Sprossen und Keime für knackige Salate und Gemüse. Ein so frisches Lebensmittel bekommen Sie in keinem Geschäft. Alle Transportwege, Lagerungszeiten und Verpackungen entfallen.

Zusammenfassend kann man daher sagen:

Sprossen und Keime sind Lebensmittel für Städter, da sie auch ohne Garten frisches Gemüse selber ziehen können. Sprossen und Keime erfreuen Kinder. Sie können dem raschen Wachstum zusehen und jederzeit von diesen gesunden Köstlichkeiten naschen. Auch ältere Menschen sollten Sprossen und Keime einmal probieren. Gerade sie profitieren von dem hohen Gehalt an wertvollen Vitaminen und Spurenelementen.

Sprossen sind etwas für kleine Haushalte, denn es lassen sich auch geringe Portionen ziehen. Und der Ertrag kann sich sehen lassen: Sie erhalten zum Beispiel aus 1 Eßlöffel Mungobohnen bis zu 5 Eßlöffel Sprossen.

Sprossen sind das ideale Wintergemüse: Weil Freilandgemüse dann rar ist und man von Gewächshausware aufgrund der hohen Nitratbelastung abraten muß, liefern Sprossen und Keime eine frische Alternative für alle die, die den Wert vollwertiger Lebensmittel für Ihre Gesundheit schätzen. Kurzum: Sprossen sind ideal für jeden.

Die Anzucht von Sprossen und Keimen

Voraussetzungen

Wenn Sie Sprossen selber ziehen und ernten möchten, gibt es eigentlich nur wenige Dinge, die Sie beachten müssen, damit nichts schiefgeht.

1. Auswahl der Samen

Die Samen sind die Grundlage für Ihre Sprossenzucht. Mit ihnen steht und fällt die Ernte. Sie müssen unverletzt und voll keimfähig sein, und dürfen weder bestrahlt noch chemisch behandelt sein. Zerbrochene Samen, wie sie zum Beispiel bei Hülsenfrüchten häufiger zu finden sind, die lediglich für das Kochen bestimmt sind, stören den Keimprozeß ebenso wie ein hoher Anteil nicht keimender Samen. Sie faulen leicht oder bleiben steinhart und verderben den Geschmack des gesamten Keimgutes. Samen, die für die Aussaat im Garten bestimmt sind, sind oft chemisch behandelt. Werden sie im Freiland ausgesät, können die chemischen Stoffe während der ganzen Vegetationszeit abgebaut werden. Während der kurzen Wachstumsphase der Sprossen von 2 bis 7 Tagen ist dies jedoch nicht möglich.

Kaufen Sie aus diesem Grund Samen, die speziell für die Sprossenherstellung gezüchtet wurden (siehe auch Bezugsquellen), am besten aus kontrolliert-biologischem Anbau. Oder verwenden Sie Ihre selbstgeernteten Samen aus dem Garten.

2. Richtige Temperatur

Die meisten Samen benötigen zum Keimen eine Temperatur von 18 bis 22°C. Im Sommer, wenn die Temperaturen darüberliegen, kann es sein, daß Ihre Sprossen wesentlich stürmischer wachsen als sonst. (Sie benötigen dann wahrscheinlich auch mehr Feuchtigkeit.) Wenn im Winter in Ihren Räumen die Temperatur auf unter 18°C absinkt, empfiehlt es sich, die Sprossen mit einer wärmenden Hülle (Decke oder ähnliches) zu schützen.

3. Ausreichend Feuchtigkeit

Sprossen brauchen Wasser zum Quellen und zum Wachsen. Aus diesem Grunde müssen sie täglich gespült werden. Mit diesem Spülvorgang werden aber auch entstehende Abbauprodukte, Bakterien und Pilzsporen weggespült und die Schimmelbildung verhindert.

4. Genügend Luft

Auch Pflanzen müssen »atmen«. Deshalb dürfen sie nicht zu dicht und nicht übereinander liegen. Außerdem muß die Möglichkeit gegeben sein, daß das Spülwasser gut abfließen kann.

5. Gute Lichtverhältnisse

Intensiven Sonnenschein mögen keimende Samen nicht. Die meisten benötigen zum Keimen indirektes Licht und wenige sogar Dunkelheit. Die unterschiedlichen Keimgeräte tragen dieser Forderung Rechnung. Bei fortschreitender Dauer des Keimprozesses kann nach der Entwicklung der ersten chlorophyllhaltigen Blättchen die Qualität der Sprossen durch Lichteinwirkung verbessert werden, da die Photosynthese beginnt.

SCHRITT FÜR SCHRITT: VOM SAMEN ZUR SPROSSE

Starten Sie Ihre ersten Versuche am besten mit der problemlos keimenden Mungobohne.

1. Schritt

Zunächst waschen Sie die Samen und lesen eventuelle Schmutzteile oder zerbrochene Samen aus. Spülen Sie die Samen gut unter fließendem Wasser ab, so werden mögliche Erdpartikel und Sporen entfernt.

Schütten Sie die Samen dann in ein Anzuchtgefäß, Sie füllen dieses mit abgekochtem, kaltem Wasser auf und lassen die Samen je nach Samenart mehrere Stunden quellen. Kleinere Samen müssen oft nicht eingeweicht werden, bei ihnen reicht das Spülen aus.

2. Schritt

Nach der Quellzeit schüttet man das Einweichwasser ab. Am besten fängt man es auf, denn es ist reich an Vitaminen und Enzymen und eignet sich hervorragend zum Blumengießen. Die nicht gequollenen Samen werden (eventuell) aussortiert. Anschließend werden die Samen unter fließendem Wasser gründlich gespült. Dieses läuft bei verschiedenen Keimgeräten, wie dem Biosnacky oder dem Biosnacky-Keimli, durch den Siebboden ab. Die Samen werden dann ein wenig aufgelockert (z. B. durch Drehen des Gefäßes) und bekommen so mehr Platz zum Wachsen. Anschließend wird das Gefäß schräg gestellt, damit das Restwasser gut abfließen kann und die Samen ausreichend belüftet werden.

3. Schritt

Je nach Samenart läßt man die Sprossen 2 bis 7 Tage wachsen. Während dieser Zeit werden sie dann, wie bereits bei Schritt 2 beschrieben, 2- bis 4mal täglich gespült und zum Abtropfen aufgestellt.

4. Schritt

Jetzt können Sie Ihre Sprossen ernten. Geben Sie den Inhalt des Keimgefäßes in eine Schüssel mit kaltem Wasser. Zusammengewachsene Sprossen können dann vorsichtig auseinandergezupft werden. Die an der Oberfläche schwimmenden Sprossen werden zum Abtropfen in ein Sieb gegeben. Nicht gekeimte harte Samen bleiben auf dem Schüsselboden liegen.

Die knackig-frischen Sprossen stehen jetzt sofort zum Verzehr bereit. Essen Sie sie am besten gleich frisch, so nehmen Sie das Optimum an Vitaminen und anderen wertvollen Stoffen auf. Die Sprossen halten sich auch einige Tage im Kühlschrank.

In den ersten Tagen des Keimprozesses schmecken Sprossen meist zart, mild und süßlich, später eher kräftig und herb. Der günstigste Erntezeitpunkt ist aber nicht nur eine Frage des Geschmacks. Wer die konzentrierte Sprossennahrung in ihrem optimalen Zustand genießen möchte, richtet sich am besten nach den gegebenen Empfehlungen. Ab einem gewissen Zeitpunkt benötigen die Sprossen nämlich mehr Vitamine und Mineralstoffe für das Wachstum, so daß sie uns nicht mehr zur Verfügung stehen.

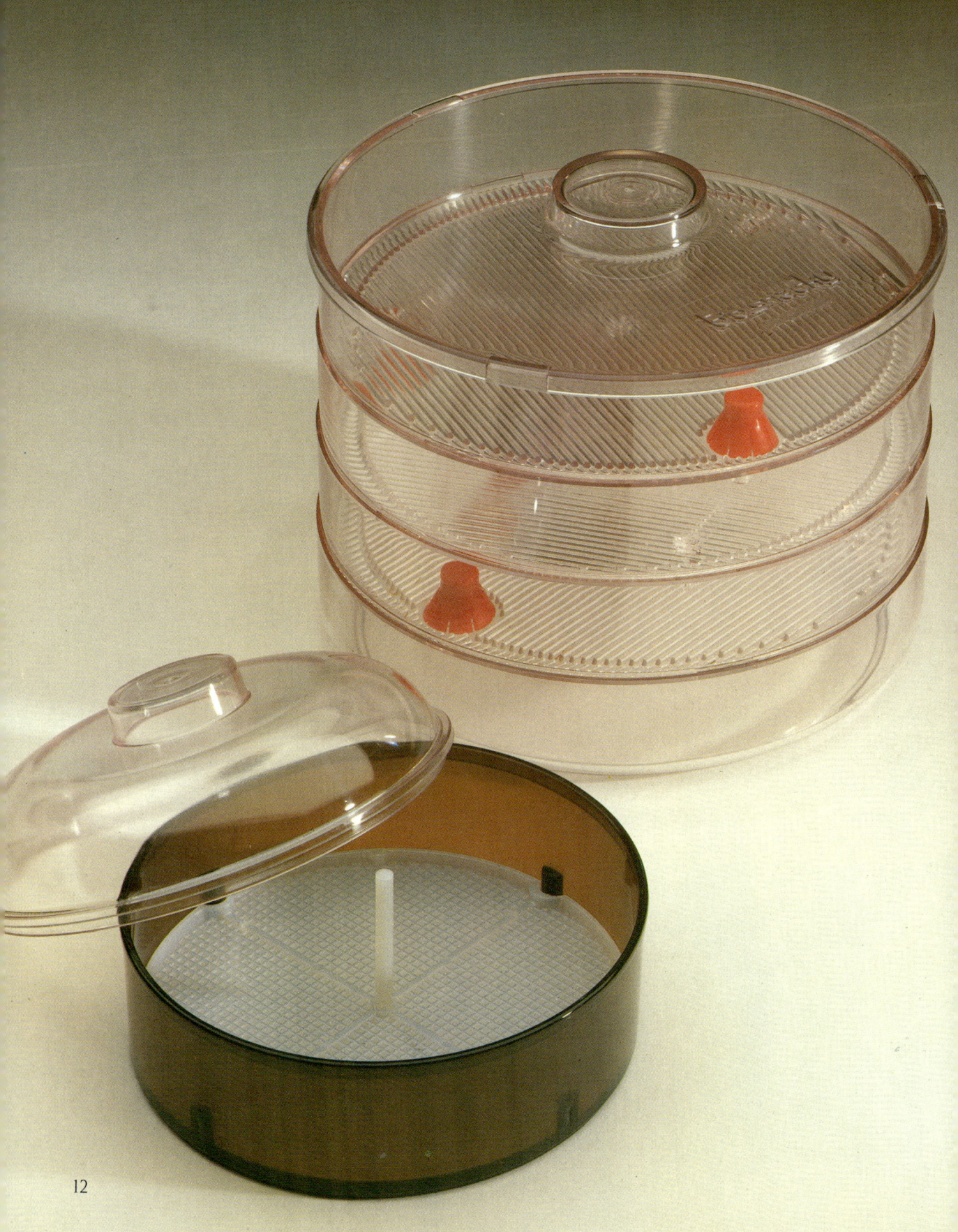

VERSCHIEDENE KEIMGERÄTE

Es gibt im Handel bereits zahlreiche Geräte, die die Sprossenzucht sehr leicht machen und es ermöglichen, verschiedene Sprossen zur gleichen Zeit zu züchten.

Biosnacky (Foto)

Der Biosnacky ist ein im Handel befindliches mehrstöckiges Keimgerät. Er besteht aus drei geriffelten Keimschalen mit Ablaufsyphons, einer Auffangschale für das abfließende Wasser und einem Deckel.

Vor dem Keimen werden die Schalen mit kaltem Wasser ausgespült, die Samen eingefüllt und die Schalen so aufeinandergesetzt, daß die roten Syphonhütchen versetzt zueinander stehen. Zum Bewässern gießt man in die oberste Schale so viel Wasser, bis das Syphonhütchen vollständig bedeckt ist. Danach läuft das Wasser automatisch durch alle Keimschalen und sammelt sich schließlich in der Auffangschale. Aufgrund dieses Bewässerungssystems (ein Teil des Wassers wird immer durch den geriffelten Boden zurückbehalten) ist ein vorheriges Einweichen der Samen oft überflüssig. Kontrollieren Sie aber immer, ob das Wasser auch wirklich in allen Schalen abfließt, weil sonst Staunässe entsteht und Schimmelbildung oder Fäulnis begünstigt wird.

Nach Gebrauch sollte das Biosnacky-Keimgerät am besten mit einer Bürste, Obstessig und dann mit viel klarem Wasser gereinigt werden, damit sich in den Rillen keine Bakterien sammeln können. Auch das Syphonhütchen sollte man dabei stets abnehmen und säubern.

Biosnacky-Keimli (Foto)

Der Biosnacky-Keimli besteht aus einer Bodenschale, einem Sieb, auf dem die Keimlinge liegen und einem Deckel. Das Gerät ist leicht zu handhaben und bietet den Sprossen ein günstiges Wachstumsklima. Vor dem Keimen wird die Schale mit kaltem Wasser ausgespült und etwa 1 cm hoch mit Wasser gefüllt. Die gut gespülten Samen werden dann in einer dünnen Schicht auf dem Sieb verteilt, das Sieb 2- bis 3mal kurz ins Wasser getaucht und dann auf die Nocken gestellt. Das Wasser unterhalb des Siebs gewährleistet einen optimalen Feuchtigkeitshaushalt. Der Keimli wird an einen hellen Ort gestellt. Vor dem erneuten Wässern wird das Wasser immer wieder erneuert. Im Keimli können die Sprossen auch gut zu Grünkräutern heranwachsen. Sowohl der Biosnacky als auch der Biosnacky-Keimli sind aus absolut säurebeständigem Acrylglas und schlag- und kratzfest.

Keimfrischbox und Keimfrisch-Küchen-Garten

Die Keimfrischbox besteht aus einem durchsichtigen Rohr, das an beiden Enden mit zwei Siebschraubverschlüssen abgeschlossen wird. Außerdem ist dem Gerät auch noch eine Dichtungsplatte beigefügt. Diese legt man in den grobmaschigen Siebverschluß, schraubt ihn auf das Rohr, gibt die gewünschten Samen hinein und verschließt die Box mit dem feinmaschigen Deckel. Jetzt kann das zum Einweichen benötigte Wasser eingefüllt werden. Nach der Quellzeit dreht man die Box einfach um, das Einweichwasser kann dadurch abfließen. Man entfernt die Dichtungsplatte aus dem grobmaschigen Boden und schraubt diesen wieder auf. Jetzt können die Sprossen unter fließendem Wasser gründlich gespült werden. Wenn man danach die Keimfrischbox schräg aufstellt, kann das überflüssige Wasser abfließen, so daß die Samen mit einer idealen Luftfeuchtigkeitsmischung versorgt werden.

Der Keimfrisch-Küchen-Garten besteht aus drei Keimboxen und einer Auffangstation. Vom Prinzip her funktioniert er ähnlich wie die Keimfrischbox, mit dem Unterschied, daß nur noch ein Boden abschraubbar ist. Das Einweichen findet bei diesem Gerät in der Auffangschale statt: Dafür stellt man die mit Samen gefüllten Boxen aufrecht in die runden Vertiefungen und füllt diese mit Wasser auf. Das Wasser wird dann vom Samen aufgesogen.

Nach dem gründlichen Spülen können die Keimboxen schräg in die Auffangstation gestellt werden, so daß das überschüssige Wasser problemlos abfließen kann und keine Staunässe entsteht.

Bio-KeimFix

Dieses Gerät bewährt sich vor allem im Winter, wenn die Raumtemperatur absinkt. Mit 4 Watt sorgt es für eine gleichbleibende Temperatur von 22 bis 25 °C.

Das Gerät besteht aus einer beheizbaren Keimschale, drei Keimböden, die mit vielen Längsrippen versehen sind und Luft- sowie Wasserabzugsöffnungen besitzen. Eine durchsichtige Klimahaube mit Lüftungsregler sorgt für ausreichende Wärme und Luftfeuchtigkeit. Die Handhabung ist ähnlich wie beim Biosnacky.

Andere auf dem Markt befindliche Keimgeräte funktionieren ähnlich wie der Biosnacky, bestehen aber teilweise aus anderen Materialien, zum Beispiel aus Ton.

Wenn Sie nicht gleich ein Keimgerät kaufen wollen, können Sie auch mit einem Einweckglas, über das Sie einen Gazestoff spannen, Ihre ersten Keimversuche starten (siehe Seite 11).

FRAGEN UND TIPS RUND UM DIE SPROSSENZUCHT

In meinem Keimgerät riecht es modrig

Sie haben Ihre Samen wahrscheinlich zu feucht gehalten, oder es haben sich Pilze im Keimgerät gebildet. Bei Staunässe fangen Samen an zu faulen, es bildet sich Schimmel. In diesem Fall müssen Sie die Sprossen wegwerfen, das Keimgerät gründlich mit einer Bürste und Essig reinigen und danach mit sehr viel klarem Wasser nachspülen.

Die Samen keimen nicht

Sie haben kein geprüftes Saatgut verwendet, oder die verwendeten Samen sind bereits so alt oder zerbrochen, daß sie nicht mehr keimfähig sind.

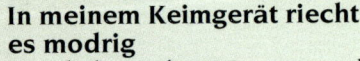

Darf ich Mungobohnensprossen roh verzehren?

Die Mungobohne enthält wie manche anderen Hülsenfrüchte auch (zum Beispiel die gelbe Sojabohne und die Kichererbse) Stoffe, die für den menschlichen Organismus gesundheitsschädlich sind. Da diese beim Kochen zerstört werden, kann man sie gegart problemlos essen. Untersuchungen haben jedoch ergeben, daß diese Stoffe auch während des Keimprozesses teilweise abgebaut werden, so daß einem Rohverzehr nichts im Wege steht. (Achtung: bei Samen von Gartenbohnen ist dies nicht der Fall, man verwendet sie daher nicht für die Sprossenzucht). Vorsichtige Leute blanchieren oder dämpfen die Sprossen von Hülsenfrüchten höchstens 5 Minuten oder lassen sie in Suppen oder Eintöpfen mitziehen.

Die Samen keimen schlecht

Haben Sie vielleicht das regelmäßige Spülen vergessen? Besonders im Sommer bei höheren Temperaturen kann es sein, daß die Sprossen häufiger als gewöhnlich gespült werden müssen. Wenn sich zu viele Samen im Keimgerät befinden, kann der einzelne Same nur unzureichend belüftet werden und keimt deshalb nicht. Auch zu kalte Temperatur schadet dem Keimprozeß.

An den Sprossen zeigt sich ein weißer Flaum, ist das Schimmel?

Manche Samenarten, zum Beispiel alle Getreidesamen, aber auch Rettich, Senf oder Alfalfa bilden feine Faserwürzelchen aus (siehe Fotos oben), die nicht mit Schimmel zu verwechseln sind. Schimmel erkennen Sie auch am Geruch. Er riecht modrig.

SPROSSEN AUF EINEN BLICK

Sorte	Einweichzeit in Stunden	Anzahl der Spülvorgänge pro Tag	Keimdauer in Tagen	Länge des Keims	ungefährer Sprossenertrag : Samen
Adzukibohne	12	3	4	Bohnenlänge	3 : 1
Bockshornklee	6–8	2	2	Samenlänge	4 : 1
Buchweizen, geschält	–	2	2–3	0,5 cm	2,5–3 : 1
Erbse	12	2–3	3	Erbsenlänge	2 : 1
Gerste	8	1–2	2–3	Kornlänge	2 : 1
Hafer	evtl. 4	2	2–3	Kornlänge	2 : 1
Hirse	8	2–3	3	0,2 cm	1,5 : 1
Kichererbse	12	3–4	3	0,5 cm	3–4 : 1
Kresse	–	1	2	Samenlänge	2 : 1
Kürbis	12	3	2–3	0,3 cm	2 : 1
Leinsamen	–	1	2–3	Samenlänge	1,5 : 1
Linse	8	2–3	3	2 cm	4–6 : 1
Mungobohne	12	2–3	3–4	2–5 cm	5–6 : 1
Rettich	–	2–3	3–4	0,3 cm	2–3 : 1
Roggen	12	2	2–3	Kornlänge	2 : 1
Senf	–	1	2–3	$\frac{1}{2}$ cm	2 : 1
Sesam, ungeschält	6	2	2	0,2 cm	1,5 : 1
Sojabohne, gelbe	12	3–4	3–4	Bohnenlänge	4 : 1
Sonnenblume	6	2–3	2	Kernlänge	2 : 1
Weizen	12	2	2–3	Kornlänge	2 : 1

Es grünt so grün

Von der Sprosse zum Grünkraut

In etwa 2 bis 4 Tagen wachsen Samen zu Sprossen heran. In dieser Zeit entwickeln sie ihren ganz besonderen, meist leicht süßlichen Geschmack. Ernten wir sie später, schmecken sie wesentlich herber, manche Sprossen sogar unangenehm bitter. Dies hängt damit zusammen, daß mit zunehmendem Wachstum Stoffe freigesetzt werden, die eine Geschmacksveränderung zur Folge haben. So entwickeln die Sprossen unter Lichteinfluß ihre ersten grünen Blätter und wachsen zu kleinen Pflänzchen heran. Werden diese zwischen dem 7. und 12. Tag geerntet, so nennt man sie 12-Tage-Kräuter. Oft werden sie auch schlicht als Grün oder bei Getreidesamen als Gras bezeichnet. Auch in dieser Zeitspanne entwickeln sie einen ganz typischen Geschmack, der sich danach wieder verliert. 12-Tage-Kräuter können uns besonders in der kalten Jahreszeit mit frischem Grün von der eigenen Fensterbank versorgen. Nicht alle Samen eignen sich allerdings zur Anzucht von 12-Tage-Kräutern.

Bewährt haben sich folgende Sorten, die geschmacklich erprobt und problemlos zu ziehen sind:
Bockshornklee
Weizen
Gerste
Hafer
Roggen
Rettich
Kresse
Senf
Buchweizen
Sonnenblume
Alfalfa (Luzerne)
Leinsame

Grünkräuter als Heilmittel

Daß diese kleinen Pflänzchen als Kräuter bezeichnet werden, hat seine ganz besondere Bewandtnis. Kräuter haben schon immer Speisen einen ganz unverwechselbaren Geschmack verliehen und haben darüber hinaus durch ihre Inhaltsstoffe die verschiedenartigsten medizinischen Eigenschaften. Dies trifft auch auf die 12-Tage-Kräuter zu. Hier fällt besonders der hohe Gehalt an Chlorophyll auf. Seit Urzeiten wußten die Menschen um die heilende Wirkung des Blattgrüns, und sie haben sich bemüht, seinem Geheimnis auf die Spur zu kommen. Erst 1915 gelang es, den grünen Blattfarbstoff, das Chlorophyll, zu isolieren. Dabei fand man heraus, daß Chlorophyll chemisch gesehen mit dem roten Blutfarbstoff Hämoglobin verwandt ist. Beide sind sich sehr ähnlich, Chlorophyll enthält jedoch in seinem Kern Magnesium, Hämoglobin dagegen Eisen.

Hämoglobin ist Bestandteil der roten Blutkörperchen. Es transportiert den Sauerstoff zu den Zellen und wirkt damit entscheidend bei der Erzeugung von lebenserhaltender Energie mit. Chlorophyll ist in jede Zelle des pflanzlichen Blattes eingelagert. Mit Hilfe des Sonnenlichts bildet es aus dem Kohlendioxid der Luft und aus Wasser Stärke, das heißt Kohlenhydrate. Bei diesem chemischen Prozeß, den man als Pho-

tosynthese bezeichnet werden anorganische Stoffe in organische umgewandelt, Energie wird gespeichert und gleichzeitig Sauerstoff an die Luft abgegeben.

»Grün ist Leben« im wahrsten Sinne des Wortes, denn Pflanzen liefern uns nämlich für die Erzeugung unserer Energie die wichtigen Kohlenhydrate und zusätzlich den lebensnotwendigen Sauerstoff. Aufgrund der molekularen Verwandtschaft von Hämoglobin und Chlorophyll vermutete man lange Zeit, daß letzteres blutbildende Ei-genschaften habe. Diese Vermutungen haben sich jedoch noch nicht bestätigt. Chlorophyll wird bei verschiedenen Krankheiten zur Heilung eingesetzt, so zum Beispiel bei eitrigen Entzündungen, Magengeschwüren, Arterosklerose und Bauchfellentzündung.

Neben Chlorophyll enthalten 12-Tage-Kräuter aus Getreide viele Enzyme und andere wichtige Stoffe. Läßt man zum Beispiel Senf, Rettich, Kresse oder Bockshornklee sprießen, so überraschen die kleinen Pflänzchen durch ihren charakteristischen unverwechselbaren Geschmack und Geruch. Diesen erhalten sie – wie andere Kräuter auch – durch viele Bitterstoffe, Gerbstoffe, ätherische Öle, Pflanzensäuren, Pflanzenschleimstoffe usw. Damit würzen sie unsere Gerichte auf besondere Art, regen zusätzlich noch unseren Stoffwechsel an und erhöhen die Verdaulichkeit und Verwertbarkeit unserer Nahrung. Außerdem haben sie teilweise eine entzündungshemmende Wirkung und stärken unser Immunsystem.

GRÄSER UND GRASSÄFTE

Beobachtet man Tiere in der Natur, so stellt man fest, daß sich viele ausschließlich von Gräsern ernähren. Aber auch jene Tiere, die zu den Fleischessern zählen, knabbern Gras, wenn sie krank sind. Gräser scheinen also eine Art Schutz- und Heilfunktion zu besitzen.

Dies war wohl der eigentliche Anlaß, sich in den USA und Japan mit »Grasnahrung« zu beschäftigen und ihre Wirkung zu erforschen. Bei diesen Untersuchungen (in den USA von Weizengras, in Japan von Gerstengras) stellte man fest, daß bestimmte Gräser in der ersten Zeit ihres Wachstums gesundheitsfördernde Eigenschaften besitzen. Sie zeichnen sich nämlich durch einen enorm hohen Gehalt an Enzymen, Vitaminen, Eiweiß und Chlorophyll aus. Sie liefern dem menschlichen Körper lebensnotwendige Stoffe, deren Mangel Krankheiten hervorrufen kann. Nach über 20jähriger Erprobung und Erforschung wird in den USA heute bereits frisch gepreßter Grassaft verkauft und therapeutisch eingesetzt, da nach diesen Untersuchungen der Grassaft nämlich zur Aktivierung von Enzymen im menschlichen Körper beiträgt, das Blutbild verbessert, einen positiven Einfluß auf das Säure-Basen-Verhältnis hat, allgemein entgiftend und verjüngend wirkt und die Qualität von Haut und Haaren verbessert. Außerdem kann er – äußerlich und innerlich – bei Blutungen und Wunden angewendet werden.

Wer nicht die Möglichkeit hat, Weizengrassaft frisch zu pressen (hierzu benötigt man eine Graspresse, siehe Bezugsquellen, Seite 96), sollte mehrmals am Tag junges Weizengras kauen. Zarte Schößlinge kann man auch feingeschnitten unter Salate mischen. Weizengrassaft trinkt man nur in sehr kleinen Mengen, pur, aber auch mit frischen Obst- und Gemüsesäften bzw. mit Wasser verdünnt. Man beginnt mit 1 Teelöffel etwa ½ Stunde vor der Mahlzeit und steigert auf ½ Glas. Mehr sollte pro Tag nicht getrunken werden, weil sonst die Verdauungsorgane zu stark belastet werden.

DIE ANZUCHT VON GRÜNKRÄUTERN IM ZIMMER

Beginnen Sie die ersten Versuche mit der Grünkräuterzucht am besten mit Kresse. Sie keimt ganz unproblematisch und wächst in wenigen Tagen zu den uns bekannten Pflänzchen mit dem unverwechselbaren, leicht scharfen Geschmack heran.

Haben Sie erst einmal die für Sie bestmögliche Anzuchtmethode gefunden, können Sie sich auch an andere Grünkräuter wagen.

Der Anbau mit Erde

Zur Anzucht eignet sich zum Beispiel eine flache Obstkiste mit Plastik ausgekleidet, damit kein Wasser hinausläuft, eine Pflanzschale für den Garten oder andere entsprechende Gefäße. In diese füllt man Erde. Sie sollte weder sterilisiert noch chemisch gedüngt sein. Am besten verwendet man eine Mischung aus Gartenerde, Sand und etwas Kompost. Feuchten Sie die Erde gut an, es dürfen sich aber keine Pfützen bilden. Anschließend werden die vorgequollenen Samen dicht nebeneinander auf der Erdoberfläche ausgebreitet, jedoch nicht hineingedrückt. Um die Feuchtigkeit besser zu halten und die Temperatur zu erhöhen, bedeckt man das Pflanzgefäß mit Folie, jedoch so locker, daß noch Luft an die Samen herankommen kann. Das Gefäß läßt man an einem warmen Ort (etwa 21°C) ungefähr 3 Tage im Halbdunkeln stehen und gießt je nach Bedarf. Danach entfernt man die Folie und stellt das Gefäß möglichst hell, zum Beispiel an ein sonniges Fenster. Man gießt vorsichtig nach Bedarf und erntet die Kräuter nach 8 bis 12 Tagen.

Der Anbau ohne Erde

Wer keinen Garten besitzt und damit auch schwer für den Austausch und die Erneuerung der Erde sorgen kann, wird wohl eine Anbaumethode ohne Erde bevorzugen.

Hierfür legt man einen Teller, ein Backblech oder ein entsprechendes Gefäß mit Watte, Papier oder mit Tüchern aus. Diese Unterlage tränkt man mit Wasser und breitet die Samen nebeneinander darauf aus. Dann verfährt man, wie bei der Anzucht mit Erde beschrieben ist.

Unproblematisch wachsen auf diese Weise Kresse, Senf und mit etwas Erfahrung auch andere 12-Tage-Kräuter. Allerdings ist es nicht immer ganz leicht, bei dieser Methode für die richtige Feuchtigkeit zu sorgen. So ist die Unterlage

mal zu naß oder mal zu trocken, und es kann damit zu Mißerfolgen kommen.

Der Anbau in Hydrokultur

Inzwischen wurde speziell für die Anzucht von 12-Tage-Kräutern ein sogenanntes Hydro-12-Gerät entwickelt (siehe dazu Bezugsquellen, Seite 96), in dem die Anzucht einfach, schnell, problemlos und ohne großen Aufwand funktioniert.

Das Gerät besteht aus drei Teilen:
● einer grünlichen Bodenschale mit Schlitzen am oberen Rand. Durch die grünliche Farbe erhalten die späteren Wurzeln der Kräuter stets gedämpftes Licht. Durch die kleinen Schlitze kann überflüssiges Wasser leicht abfließen.
● einer Saatschale mit Löchern. In diese werden die gequollenen Samen nebeneinander gelegt. Durch die Löcher wachsen die Wurzeln in die Wasserschale hin-

ein und können sich bald selbst mit Wasser versorgen. Außerdem kann beim Gießen und Spülen überflüssiges Wasser in die Wasserschale abfließen.
● einem kuppelförmigen Deckel. Die Form des Deckels garantiert einen optimalen Lichteinfall. Da der Deckel an der Oberseite eine Öffnung hat, wird außerdem ein günstiger Luft- und Feuchtigkeitsaustausch gewährleistet. Die zum Wachsen nötige Luft kann durch die Schlitze in der Bodenschale und durch die Öffnung im Deckel zirkulieren. Die Pflänzchen werden außerdem stets befeuchtet, weil das Wasser an der Deckelinnenseite kondensiert und abtropft.

Und so wachsen die Grünkräuter heran:
Man breitet die gequollenen Samen nebeneinander in der Saatschale aus (bei kleinen Samen muß man sie mit Fließpapier aus-

legen, weil sie sonst durch die Perforierung fallen), füllt die Bodenschale mit frischem Wasser und setzt den Deckel darauf. Das Gerät stellt man an einen hellen Platz. Während die Samen zu Kräutern heranwachsen, sollten sie täglich ein- bis zweimal gespült werden. Dazu hält man das gesamte Gerät unter den Wasserhahn, und zwar so, daß Wasser durch die Deckelöffnung auf die Pflanzen gelangt. Auf diese Weise läuft es langsam, gießt und spült die Kräuter, und überschüssiges Wasser kann durch die Schlitze der Wasserschale wieder abfließen.

Nach 8 bis 12 Tagen können die Kräuter geerntet werden. Man zieht sie vorsichtig aus der Saatschale heraus, damit die eßbaren Wurzeln nicht beschädigt werden.

Misserfolge bei der Anzucht

Mißerfolge treten häufiger bei einer Anzucht mit Erde oder auf einer feuchten Unterlage auf, im Hydrogerät sind sie selten. Ursache sind meistens zu dicht gesäte Samen, zu viel Nässe, nicht keimende Samen, verbrauchte oder infizierte Erde oder eine fehlende Luftzirkulation. Alle diese Dinge können zu Mehltau oder Schimmel führen.

Um dies zu vermeiden, sollte man die Samen wie bei der Sprossenzucht möglichst gut spülen, für gute Luftfeuchtigkeitsverhältnisse sorgen, nicht keimende Samen eventuell aussortieren und alle Geräte stets gründlich spülen. Wenn man im Hydrogerät die Grünkräuter wie oben beschrieben täglich spült, werden dabei eventuell vorhandene Pilzsporen schon gleich weggespült, so daß es zu keiner Schimmelbildung kommen kann.

Sollte trotz aller Sorgfalt jedoch Schimmel auftreten, so verfährt man wie bei der Sprossenzucht beschrieben.

Grünkräuter auf einen Blick

	Sorte	Einweichzeit in Stunden	Temperatur in °C	Wachstumszeit im Hydrogerät in Tagen	Größe des Krautes in cm	Ertrag Samen : Grünkraut
	Alfalfa (Luzerne)	8	20	7–10	max. 10	1 EL : 1 Tasse
	Bockshorn-klee	8	20	8	4	1 EL : 1 Tasse
	Buchweizen	12–16	22	12	8	1 EL : ½ Tasse
	Gerste	8–12	18–20	12	8–10	1–2 EL : ½ Tasse
	Hafer	4	20	12	8–10	1–2 EL : ½ Tasse
	Kresse	–	20	6–8	4	1 EL : 1 Tasse
	Leinsamen	–	20	8–12	6–8	1 EL : 1 Tasse
	Rettich	4	18–20	7	4	1–2 EL : 1 Tasse
	Roggen	12	18	10–12	8–10	1–2 EL : 1 Tasse
	Senf	8	18–20	8–10	5–6	3 EL : 1 Tasse
	Sonnen-blume	12	20	8–12	8	1 EL : 1 Tasse
	Weizen	12	20	8–12	8–10	1–2 EL : ½ Tasse

Sprossen und Grünkräuter in der Küche

Die meisten Menschen essen heutzutage hauptsächlich erhitzte und verarbeitete Speisen. Frisches Obst und Gemüse nimmt bei einem solchen Speiseplan einen relativ bescheidenen Platz ein. Dabei ist es gerade diese kaum bearbeitete pflanzliche Kost, die uns die für unsere Gesundheit so lebenswichtigen Wirkstoffe liefert. Ein großer Teil von ihnen wird bereits bei Temperaturen von 50°C zerstört. Nicht umsonst empfehlen deshalb immer mehr Ärzte und Ernährungswissenschaftler, den Frischkostanteil der Gesamternährung auf 50% zu steigern.

Sprossen und Grünkräuter sind die frischeste Nahrung, die es gibt. Kaum ein anderes Lebensmittel enthält so viele Nährstoffe und ist so kalorienarm, denn Sprossen und Grünkräuter werden in der Wachstumsphase geerntet und sofort verzehrt. So werden Lagerungsverluste vermieden.

Es liegt auf der Hand, daß die Sprossen- und Grünkräuterküche in erster Linie eine »kalte Küche« ist. Dabei werden Sprossen und Grünkräuter pur als Salat, als Müsli oder als Brotbelag verzehrt oder über andere Salate, Gemüsegerichte oder Obstspeisen gestreut. Auch in Suppen schmecken sie äußerst delikat. Dort werden sie jedoch nicht gekocht, sondern zum Schluß zugefügt und dürfen allenfalls noch kurz mitziehen.

Sprossen und Grünkräuter haben einen ganz unverwechselbaren, eigenen, für manchen Gaumen recht ungewöhnlichen Geschmack. Zum Kennenlernen sollte man sie vielleicht zunächst einmal in kleinen Portionen über die gewohnte Kost streuen und diese somit aufwerten.

Hat man sich jedoch an ihren Geschmack gewöhnt, kann man die Zufuhr beliebig steigern und damit auch den Anteil der Frischkost an der Gesamternährung erhöhen.

Nicht nur für das Geschmacksempfinden ist es ratsam, behutsam vorzugehen. Auch die Verdauungsorgane sind für eine langsame Umstellung auf ungekochte Kost und die damit verbundene Ballaststoffzufuhr dankbar.

Mit zunehmender Umgewöhnung werden Sie dann aber auch eine Steigerung Ihres Wohlbefindens spüren, so daß Sie bald das eine oder andere Gericht auf Ihrem Speisezettel durch einen Frischkostsalat oder ein Sprossen- und Grünkräutergericht ersetzen.

Wenn Sie Sprossen (insbesondere Sprossen von Hülsenfrüchten) dünsten wollen, so sollte dies so schonend wie möglich geschehen. Eine Möglichkeit hierfür ist das kurze Garen im Sieb über Wasserdampf. Eine andere Möglichkeit bietet das Garen im Wok oder einer entsprechend großen Pfanne. Nach alter ostasiatischer Tradition wird dabei feingeschnittenes Gemüse oder Sprossen unter Rühren kurz gegart. Durch dieses ständige Rühren erreicht man, daß alles gleichmäßig, schonend, geschmacks- und nährstofferhaltend gekocht wird. Das Gemüse bleibt knackig und frisch.

Das grosse Sprossen- und Grünkräuter- Abc

Adzukibohne

(Phaseolus angularis)

Die Adzukibohne ist eine kleine braune Bohnenart, die heute meist aus Japan importiert wird. Dort wird sie, ebenso wie in Korea und China, schon seit Jahrhunderten angebaut.

Adzukibohnen haben im Vergleich zu anderen Bohnenarten eine weiche Schale und schmekken auffallend süß. Aus diesem Grund wird ihr Mehl in Japan auch zur Herstellung von Gebäck und Konfekt verwendet.

Aufgrund ihres niedrigen Ertrags gehören Adzukibohnen zu den kostbarsten und teuersten Bohnensorten. Sie sind aber eine köstliche Beilage zu Getreidegerichten und schmecken in Suppen und Eintöpfen.

Adzukibohnen enthalten etwa 25% Eiweiß und sind reich an der essentiellen Aminosäure Lysin. Bei den Vitaminen ist der Gehalt an Vitamin B_1, B_2 und Niacin hervorzuheben. Darüber hinaus liefern die Adzukibohnen viel Eisen und Kalzium, Magnesium, Phosphor, Kalium und viele andere Nährstoffe.

Von der Adzukibohne zur Adzukibohnensprosse

Keimmethode:
Keimschale oder Keimbox
Temperatur:
etwa 18°C
Wässern:
1. Die Bohnen gründlich spülen.
2. 12 Stunden einweichen.
3. Während des Keimprozesses 3mal täglich spülen.
Ernte:
nach 4 Tagen
Ertrag:
½ Tasse Adzukibohnen ergibt etwa 1½ Tassen Adzukibohnensprossen.
Besonderheiten beim Keimen:
Es dauert lange, bis der Keim sich zeigt; kräftiges Spülen ist unbedingt notwendig.
Verwendung:
Adzukibohnen können roh in Salate gestreut werden oder gedämpft viele Gemüsegerichte verfeinern.

SPROSSENCURRY

Sie benötigen für 4 Personen:

2 TL Kurkuma
1 TL Kreuzkümmel
1 TL Koriander
1 TL Zimt
½ TL gemahlene Nelken
1 TL Salz
3 EL Öl
2 Zwiebeln
1 Knoblauchzehe
etwa 600 g Kürbis
250 g Adzukibohnensprossen
1 EL Senfsprossen
3 EL Kokosraspel

So wird's gemacht:

1. Die Gewürze im Öl andünsten. Die Zwiebeln und die Knoblauchzehe schälen, in feine Würfel schneiden und dazugeben.

2. Den Kürbis halbieren, entkernen und schälen. Anschließend das Fruchtfleisch in Würfel schneiden, zu den gewürzten Zwiebeln geben, mit etwas Wasser ablöschen und etwa 10 Minuten dünsten lassen.

3. Anschließend die Adzukibohnensprossen hinzufügen und alles noch einmal etwa 5 Minuten ziehen lassen.

4. Die Senfsprossen unterziehen, eventuell noch einmal mit Curry und Salz nachwürzen und das Gericht mit Kokosraspel bestreut servieren.

Alfalfa (Luzerne)

(Medicago sativa)

Auch bei uns ist Alfalfa unter dem Namen Luzerne schon lange als überaus gutes Futtermittel bekannt. Die Bezeichnung Alfalfa kommt aus dem Arabischen und heißt soviel wie »gute Nahrung«.

In Amerika wurden Alfalfasprossen schon vor längerer Zeit für die menschliche Ernährung entdeckt, und sie erfreuen sich immer größerer Beliebtheit. Sie schmecken mild-würzig und frisch und haben einen hohen gesundheitlichen Wert, denn sie sind reich an Vitaminen. Besonders hervorzuheben ist die Steigerung des Vitamin-C-Gehalts während der Keimung. So enthält eine Tasse Alfalfasprossen soviel Vitamin C wie 12 Gläser Orangensaft.

Zusätzlich enthalten die Alfalfasprossen wie alle Hülsenfrüchte viel Eiweiß, wenig Fett, viele Enzyme und Vitamine (Karotin, C, D, K, E, Vitamine der B-Gruppe). Darüber hinaus hat Alfalfa einen hohen Mineralstoffgehalt (Phosphor, Kalium, Kalzium, Magnesium, Silizium, Schwefel, Kobalt u. a.). Alfalfasprossen stärken Muskeln, Knochen und Zähne und haben sich bei der Heilung rheumatischer Leiden und Arthritis bewährt.

Vom Alfalfasamen zum Alfalfagrün

<u>Keimmethode:</u>
Alfalfa in Samenmischungen in Keimschalen oder in der Keimbox, im Hydrogerät oder auf einem feuchten Tuch
<u>Temperatur:</u>
etwa 20°C
<u>Wässern:</u>
1. Die Samen gründlich spülen.
2. Etwa 8 Stunden einweichen.
3. 2mal täglich spülen bzw. nach der Entwicklung des ersten zarten Grüns am besten nur noch 2mal täglich besprühen.
<u>Ernte:</u>
nach 5 bis 6 Tagen, bei Wachstum im Hydrogerät nach 7 Tagen. Neuere Untersuchungen empfehlen mit der Ernte so lange zu warten, bis es zur Chlorophyllbildung gekommen ist (etwa ab dem 7. Tag). Erst zu diesem Zeitpunkt sollen nämlich die Spuren des natürlichen pflanzlichen Giftes vollständig abgebaut sein. Diese These ist bis jetzt noch nicht vollständig geklärt.
<u>Ertrag:</u>
1 Eßlöffel Samen ergibt knapp 1 Tasse Alfalfagrün
<u>Besonderheiten beim Keimen:</u>
Die Sprossen wachsen beim Keimen etwas zusammen, daher sollte man sie vor der Verwendung leicht auseinanderzupfen. Außerdem bilden sich manchmal an den Sprossen feine Faserwürzelchen, die nicht mit Schimmel zu verwechseln sind.
<u>Verwendung:</u>
Alfalfagrün kann, wie Kräuter auch, überaus vielfältig verwendet werden. Man kann es ohne weiteres pur essen, so zum Beispiel auf einem Quark- oder Butterbrot, es schmeckt aber auch zu Salaten, zu Obst, Pfannkuchen, Kartoffel- und Getreidegerichten und würzt Saucen.

Einfache Erbsensuppe mit Alfalfagrün

Sie benötigen für 4 Personen:

250 g getrocknete grüne Erbsen
2 Gemüsebrühwürfel
1 Zwiebel
1 EL Butter
Kräutersalz
frisch gemahlenen Pfeffer
2 EL Hefeflocken
4 EL süße Sahne
etwa 100 g Alfalfagrün

So wird's gemacht:

1. Die Erbsen waschen und über Nacht in 1 Liter Wasser einweichen. Am nächsten Tag das Einweichwasser auf insgesamt 1 1/4 Liter auffüllen.

2. Anschließend die Erbsen mitsamt dem Einweichwasser und den Gemüsebrühwürfeln auf kleiner Flamme 40 bis 50 Minuten kochen, bis sie weich sind.

3. In der Zwischenzeit die Zwiebel schälen und in feine Würfel schneiden. Die Butter in einer Pfanne zerlassen und die Zwiebel darin glasig dünsten.

4. Die gekochten Erbsen mitsamt der Gemüsebrühe pürieren und mit Kräutersalz und Pfeffer abschmecken.

5. Die Hefeflocken und die Sahne unterziehen und kurz vor dem Servieren das Alfalfagrün in die Suppe geben.

ALFALFASÜPPCHEN

Sie benötigen für 4 Personen:

1 große Zwiebel
3 EL Öl
1 l Gemüsebrühe
1/8 l süße Sahne
1 Eigelb
frisch gemahlenen Pfeffer
Kräutersalz
etwa 150 g Alfalfagrün

So wird's gemacht:
1. Die Zwiebel schälen, in feine Würfel schneiden und in dem Öl glasig dünsten.
2. Mit der Gemüsebrühe auffüllen, 1 mal kurz durchkochen lassen.
3. Die Sahne mit dem Eigelb verquirlen, mit Pfeffer und Kräutersalz würzen und unter die Suppe ziehen, nicht mehr kochen.
4. Das Alfalfagrün in die Suppe geben, nicht mehr kochen, sondern höchstens 2 Minuten ziehen lassen und sofort servieren.

Variation:
Statt des Alfalfagrüns können Sie auch Kresse verwenden.

MÖHRENSUPPE MIT ALFALFAGRÜN

Sie benötigen für 4 Personen:

1 große Zwiebel
2 EL Öl
etwa 600 g Möhren
1 l Gemüsebrühe
50 g frisch gemahlenen Weizen
2 TL Tomatenmark (selbstgemacht)
1/2 Becher süße Sahne
1 EL Butter
weißen Pfeffer
Kräutersalz
50 bis 100 g Alfalfagrün

So wird's gemacht:
1. Die Zwiebel in feine Würfel schneiden. Die Möhren putzen. Eine Möhre beiseite legen, die restlichen in dünne Scheiben schneiden.
2. Die Zwiebel in dem Öl glasig dünsten. Mit der Gemüsebrühe auffüllen und aufkochen lassen.
3. Unter Rühren den Weizen einstreuen, die in Scheiben geschnittenen Möhren sowie das Tomatenmark hinzufügen und auf kleiner Flamme in etwa 20 Minuten weich kochen.
4. Anschließend die Suppe pürieren. Die Sahne und die Butter unterziehen und die Suppe mit Pfeffer und Kräutersalz abschmecken.
5. Die Möhre grob raspeln und mit dem Alfalfagrün über die Suppe streuen.

MÖHREN-ALFALFA-FRISCHKOST

Sie benötigen für 4 Personen:

etwa 300 g Möhren
100 bis 150 g Alfalfagrün
1 Becher Joghurt
50 g süße Sahne
2 EL Sonnenblumenöl
Saft von 1/2 Zitrone
1 TL Senf
1 TL Curry
Kräutersalz

So wird's gemacht:

1. Die Möhren waschen, bürsten und nur, wenn unbedingt nötig, schälen.
2. Das Alfalfagrün auseinanderzupfen und mit den Möhrenraspeln mischen.
3. Den Joghurt mit der Sahne, dem Öl und dem Zitronensaft verrühren und mit Senf, Curry und Kräutersalz pikant abschmecken.
4. Die Salatsauce unter die Frischkost ziehen und diese sofort servieren.

BUNTER HIRSESALAT MIT ALFALFAGRÜN

Sie benötigen für 4 Personen:

1 Zwiebel
1 EL Butter
200 g Hirse
etwa 1/2 l Gemüsebrühe
1 kleine Salatgurke
250 g Tomaten
1 Eichblattsalat
100 bis 150 g Alfalfagrün
200 g Joghurt
2 EL Öl
2 EL Tomatenketchup (selbstgemacht)
1 EL Obstessig
2 EL geschnittenen Schnittlauch

So wird's gemacht:

1. Die Zwiebel schälen, in feine Würfel schneiden. Die Butter in einem Topf zerlassen und die Zwiebel darin glasig dünsten.
2. Die gewaschene Hirse hinzufügen, mit der Gemüsebrühe auffüllen und zum Kochen bringen. Die Hirse etwa 15 bis 20 Minuten auf kleiner Flamme ausquellen lassen.
3. Die Salatgurke waschen, bei Bedarf schälen und in Würfel schneiden. Die Tomaten ebenfalls waschen, vom Blütenansatz befreien und achteln. Den Eichblattsalat waschen, putzen und in mundgerechte Stücke zupfen.
4. Alles zusammen mit dem Alfalfagrün unter die abgekühlte Hirse heben.
5. Aus den übrigen Zutaten eine Marinade rühren und vorsichtig unter den Salat ziehen.

Bockshornklee

(Trigonella foenum-graecum)

Bockshornklee ist ein altes indisches Gewürz, das jedoch im Mittelalter durch eine Verordnung Karls des Großen auch in unseren Breiten in Klostergärten angebaut wurde, danach aber für lange Zeit wieder in Vergessenheit geriet. Botanisch gesehen gehört Bockshornklee zur Familie der Schmetterlingsblütler und ist mit unserem heimischen Klee verwandt.

Die Samen des Bockshornklees sind in Indien ein fester Bestandteil jeder Currymischung, in Australien hingegen wird sein Kraut als gedünstetes Gemüse gegessen. Der Samen des Bockshornklees ist eiweißreich (29%), enthält viele Vitamine des B-Komplexes, Karotin und Vitamin D, Eisen und Phosphor. Durch seine ätherischen Öle und Bitterstoffe erhält Bockshornklee seinen eigenartigen Geschmack. Aufgrund seiner Inhaltsstoffe hat er eine reinigende Wirkung für Leber, Nieren und Schleimhäute und hilft bei allgemeiner Abwehrschwäche und bei Infektionen.

Vom Bockshornkleesamen zur Bockshornkleesprosse und zum Bockshornkleegrün

Keimmethode:
Sprossen in der Keimschale oder Keimbox, Bockshornkleegrün im Hydrogerät

Temperatur:
etwa 20°C

Wässern:
1. Die Samen gründlich spülen.
2. 6 bis 8 Stunden einweichen.
3. Die Sprossen 2mal täglich spülen, das Grün 2mal täglich sprühen.

Ernte:
Bockshornkleesprossen nach spätestens 2 Tagen, Bockshornkleegrün nach etwa 8 Tagen

Ertrag:
1 Eßlöffel Samen ergibt etwa 4 Eßlöffel Sprossen bzw. etwa 1 Tasse Bockshornkleegrün

Besonderheiten beim Keimen:
Bockshornkleesamen brauchen reichlich Einweichwasser, weil sie ihr Volumen beträchtlich vergrößern. Läßt man Bockshornklee länger als zwei Tage keimen, schmecken die Samen leicht bitter. Außerdem enthält Bockshornklee Schleimstoffe, die er bei der Keimung abgibt.

Verwendung:
Wie die Sprossen, so schmeckt auch das Grünkraut für unseren Geschmack zunächst ungewöhnlich herb. Aus diesem Grunde gibt man beides – am Anfang vielleicht noch sparsam – zu Nudeln-, Reis- und Getreidegerichten, aber auch zu Gemüserohkost und vielen Obstsalaten.

Alle Gerichte erhalten durch Bockshornklee einen orientalischen Anstrich.

INDISCHER SALAT MIT BOCKSHORNKLEESPROSSEN

Sie benötigen für 4 Personen:

150 g Weißkohl
250 g Möhren
50 g Sellerie
200 g Äpfel
3 EL gehobelte Mandeln
2 bis 4 EL Rosinen
4 bis 6 EL Sonnenblumenöl
Saft von ½ Zitrone
4 EL süße Sahne
Kräutersalz
2 bis 4 EL Bockshornkleesprossen

So wird's gemacht:

1. Das Gemüse und Obst waschen und putzen. Den Weißkohl in feine Streifen, und die Äpfel in kleine Würfel schneiden.

2. Die gehobelten Mandeln in einer trockenen Pfanne leicht anrösten und zusammen mit den Rosinen unter die Salatzutaten mengen.

3. Das Sonnenblumenöl mit dem Zitronensaft und der Sahne verrühren, mit Kräutersalz würzen und unter den Salat ziehen.

4. Den Salat mit den Bockshornkleesprossen bestreuen und servieren.

BLUMENKOHLPFANNE MIT BOCKSHORNKLEEGRÜN

Sie benötigen für 4 Personen:

1 Zwiebel

etwa 750 g Blumenkohl

etwa 400 g Kartoffeln

1 Stück Ingwerwurzel

2 EL Butter

2 TL Kurkuma

1 TL Piment

½ TL Koriander

Curry

Kräutersalz

etwa ½ Schale Bockshornkleegrün aus dem Hydrogerät

So wird's gemacht:

1. Die Zwiebel schälen und in feine Würfel schneiden. Den Blumenkohl putzen, in kleine Röschen teilen. Die Kartoffeln schälen und in Würfel schneiden. Die Ingwerwurzel schälen und kleinschneiden.

2. Die Butter in einem Wok oder einer großen Pfanne zerlassen. Die Zwiebel und die Ingwerwurzel dazugeben, mit Kurkuma, Piment und Koriander bestäuben und alles andünsten.

3. Den Blumenkohl und die Kartoffelwürfel zu der Gewürzmischung geben und unter ständigem Rühren 3 bis 5 Minuten andünsten. Mit etwas Wasser ablöschen, die Pfanne oder den Wok abdecken und das Gericht in 15 bis 20 Minuten fertig garen.

4. Das Gericht mit Curry und Kräutersalz abschmecken. Mit Bockshornkleegrün umlegen und so servieren oder das Grün vorsichtig untermischen.

Reissalat mit Bockshornkleegrün

Sie benötigen für 4 Personen:

1 Zwiebel	etwa 150 g Naturreis	1 EL Senf nach Belieben
1 EL Butter	etwa ³⁄₈ l Gemüsebrühe	Kräutersalz
	1 Lorbeerblatt	1 Knoblauchzehe
	1 TL Curry	150 g Sellerie
	¹⁄₈ l saure Sahne oder Joghurt	100 g Walnüsse
	Saft von ½ Zitrone	etwa ½ Schale Bockshornkleegrün
	2 EL Sonnenblumenöl	aus dem Hydrogerät

So wird's gemacht:

1. Die geschälte, feingewürfelte Zwiebel in der Butter goldgelb dünsten. Den gewaschenen Reis hinzufügen, mit der Gemüsebrühe auffüllen und zusammen mit dem Lorbeerblatt 35 bis 40 Minuten auf kleiner Flamme garen. Dann sollte die gesamte Flüssigkeit aufgesogen sein.

2. Das Lorbeerblatt entfernen, den Reis mit Curry würzen und abkühlen lassen.

3. Die saure Sahne mit dem Zitronensaft, dem Sonnenblumenöl und dem Senf verrühren und mit Kräutersalz und der zerdrückten Knoblauchzehe würzen. Unter den Reis heben und etwa eine halbe Stunde durchziehen lassen.

4. Den Sellerie putzen und grob raspeln, die Walnüsse hakken, das Bockshornkleegrün ganz nach Geschmack klein schneiden.

5. Das Gemüse und das Grün mit dem Reissalat vermengen und sofort servieren.

Buchweizen

(Fagopyrum esculentum)

Der Buchweizen gehört nicht wie alle anderen Getreidesorten zur Familie der Gräser, sondern zu den Knöterichgewächsen. Seine kleinen, dreieckigen Früchte erinnern an Bucheckern und waren wahrscheinlich für den Namen verantwortlich. Der Buchweizen kommt ursprünglich aus Asien und wird heute vor allem in der Sowjetunion und in anderen slawischen Ländern angebaut. Er wächst aber auch bei uns, hauptsächlich in Norddeutschland auf sandigen Geest- und Heideäckern. Lange Zeit galt der Buchweizen deshalb als »Arme-Leute-Getreide«. Biogärtner schätzen den widerstandsfähigen, schnell wachsenden Buchweizen auch als Gründüngungspflanze und ausgezeichnete Bienenweide, denn mit seinen zahlreichen weißen Blüten lockt er viele Bienen an.

Buchweizensamen lassen sich ähnlich wie Reis kochen. Man kann sie aber auch mahlen und gut zu Fladen oder Pfannkuchen verbacken. In der Ernährung spielt der leicht verdauliche Buchweizen besonders wegen seines relativ hohen Lysinanteils eine Rolle. Lysin ist eine essentielle Aminosäure, die in anderen Getreidearten nur in einem bedeutend geringeren Anteil vorkommt. Daneben enthält Buchweizen viele wichtige Vitamine wie Vitamin B_1 und B_2 und

Mineralstoffe (Kalium, Phosphor, Magnesium, Kalzium, Eisen u. a.). Aufgrund des Inhaltsstoffs Rutin wird dem Buchweizen eine Heilwirkung zur Vorbeugung bei Bindegewebsschwäche zugeschrieben. Auch zur Vorbeugung bei Arterienverkalkung soll er wirksam sein.

Vom Buchweizenkorn zur Buchweizensprosse und zum Buchweizengrün

Keimmethode:
Sprossen in der Keimschale oder in der Keimbox, Buchweizengrün im Hydrogerät

Temperatur:
22°C

Wässern:
1. Die Samen gründlich spülen.
2. Geschälte Samen 1 Stunde, ungeschälte Samen 12 bis 16 Stunden einweichen.
3. Während des Keimprozesses 2mal täglich spülen, Buchweizengrün 2mal täglich besprühen.

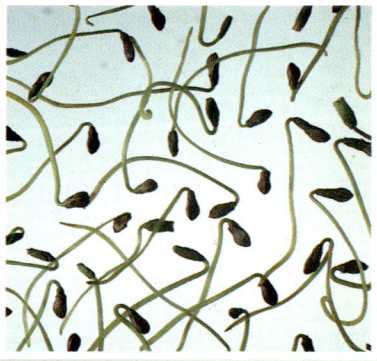

Ernte:
Buchweizensprossen nach 2 bis 3 Tagen, Buchweizengrün nach 12 Tagen.

Ertrag:
1 Eßlöffel Buchweizen ergibt 2 bis 3 Eßlöffel Buchweizensprossen, bzw. 1/2 Tasse Buchweizengrün.

Besonderheiten beim Keimen:
Für die Sprossenzucht kann man auch geschälten Buchweizen verwenden, allerdings muß unbedingt auf die Keimfähigkeit geachtet werden. Verwendet man ungeschälten Buchweizen, so müssen die nicht eßbaren Hülsen entfernt werden. Hierzu gibt man die Sprossen am besten in eine Schüssel mit Wasser und schöpft die oben schwimmenden Hülsen ab. Für die Anzucht der Grünkräuter sollte man auf jeden Fall ungeschälten Buchweizen verwenden. Im Winter kann die Anzucht schwierig werden, denn Buchweizen braucht sehr viel Wärme, um die harte Schale zum Platzen zu bringen.

Verwendung:
Buchweizensprossen streut man über Suppen und Gemüseeintöpfe, sie schmecken aber auch kurz gedämpft, pikant gewürzt und als Füllung für Gemüse. Buchweizengrün kann man unter Salate und Gemüse mischen, es schmeckt aber auch pur mit einer Salatsauce gut. Außerdem läßt sich aus Buchweizengrün wie auch aus Weizengras Saft pressen.

BORSCHTSCH

Sie benötigen für 4 Personen:

500 g rote Bete
½ kleinen Sellerie
1 Möhre, 1 Stange Lauch
1½ l Gemüsebrühe
3 EL Sonnenblumenöl
2 Zwiebeln
250 g Sauerkraut, 250 g Kartoffeln
1 Lorbeerblatt, 4 Nelken
je 1 TL Pfeffer und Kümmel
4 Tomaten, 1 Knoblauchzehe
Kräutersalz, frisch gemahlenen Pfeffer
3 EL Obstessig
150 g Buchweizensprossen
350 g saure Sahne

So wird's gemacht:

1. Die roten Bete gründlich waschen, putzen und mit der Schale in Würfel schneiden. Das übrige Gemüse ebenfalls waschen und putzen. Den Sellerie in Würfel, die Möhre in Scheiben und den Lauch in dünne Ringe schneiden. Alles in der Gemüsebrühe und dem Öl 20 Minuten köcheln lassen.

2. In der Zwischenzeit die Zwiebeln schälen und in feine Würfel schneiden. Die Kartoffeln schälen und in Scheiben schneiden.

3. Die Zwiebeln, das Sauerkraut, die Kartoffeln sowie die Gewürze hinzufügen, mit dem Borschtsch weitere 20 Minuten auf kleiner Flamme leicht köcheln lassen.

4. In den letzten 10 Minuten die enthäuteten, in Würfel geschnittenen Tomaten mitkochen.

5. Den Eintopf mit der zerdrückten Knoblauchzehe, dem Kräutersalz, dem Pfeffer und dem Obstessig abschmecken.

6. Die Buchweizensprossen darüberstreuen und bei Tisch die saure Sahne dazureichen.

Erbse

(Pisum sativum)

Botanisch gesehen gehören Erbsen wie alle Hülsenfrüchte zur Familie der Schmetterlingsblütler. Die Wildform, aus der die Gartenerbse gezüchtet wurde, stammt aus dem Orient. Daß sie aber schon lange in Europa heimisch ist, davon zeugen alte griechische Schriften, in denen die Erbse als nahrhafte Speise der armen Bevölkerung Erwähnung findet.

Erst im 17. Jahrhundert wurden Erbsen zu einer bevorzugten Speise der reicheren Leute und damit zu einer Delikatesse. Man entdeckte nämlich, daß auch die unreifen Samen der Hülsenfrucht eßbar sind und vorzüglich schmecken. So sind bis heute frische Gartenerbsen und die neuere Züchtung Zuckerschote ein beliebtes Sommergemüse.

Die gelben und grünen Trockenerbsen, die als klassisches Wintergemüse in Suppen und Eintöpfen gelten, sind im Zeitalter von Dosenware und Tiefkühlprodukt ein wenig in den Hintergrund gerückt. Für die Sprossenzucht sind Trockenerbsen ausgezeichnet geeignet, jedoch sollten sie ungeschält, nicht zerbrochen und nicht behandelt sein. Erbsensprossen sind gute Vitaminlieferanten (A, B_1, B_2, Niacin u. a.) und enthalten viele Mineralstoffe (zum Beispiel Kalium, Kalzium, Natrium, Eisen, Mangan).

Von der Erbse zur Erbsensprosse

<u>Keimmethode:</u>
Keimschale
<u>Temperatur:</u>
18 bis 20°C
<u>Wässern:</u>
1. Die Erbsen gründlich spülen.
2. 12 Stunden einweichen.
3. Während des Keimprozesses 2- bis 3mal täglich spülen.
<u>Ernte:</u>
nach etwa 3 Tagen
<u>Ertrag:</u>
1 Tasse Erbsen ergibt etwa 2 Tassen Erbsensprossen
<u>Besonderheiten beim Keimen:</u>
Während des Keimens entstehen Gase, deshalb müssen Erbsen stets gründlich gespült werden und eine ausreichende Sauerstoffzufuhr gewährleistet sein.
<u>Verwendung:</u>
Erbsensprossen schmecken süßlich und erinnern an junge Gartenerbsen. Leicht gedünstet können sie als Gemüse verwendet werden oder Suppen und Gemüsefüllungen verfeinern.

ERBSENSPROSSENSALAT

Sie benötigen für 4 Personen:

1 EL Butter

200 g Erbsensprossen

frisch gemahlenen Pfeffer

Kräutersalz

frische Majoran- und

Basilikumblättchen

(ersatzweise je 1 TL getrockneten

Majoran

und Basilikum)

3 bis 4 EL Essig

3 EL Sonnenblumenöl

50 g Schafskäse

250 g Tomaten

1 kleine Zwiebel

1 Bund Schnittlauch

So wird's gemacht:

1. Die Butter in einer großen Pfanne oder im Wok zerlassen, die Erbsensprossen dazugeben und unter ständigem Rühren 2 Minuten darin dünsten.

2. Mit Pfeffer und Kräutersalz abschmecken und mit den feingeschnittenen Majoran- und Basilikumblättchen würzen. Dann die Sprossen abkühlen lassen.

3. Aus dem Essig und dem Öl eine Marinade rühren und diese unter die Erbsensprossen ziehen.

4. Den Schafskäse zerbröckeln, die Tomaten achteln, die Zwiebel schälen und in feine Ringe, den Schnittlauch in Röllchen schneiden und alles mit den Erbsensprossen mischen.

CURRYZWIEBELN MIT ERBSENSPROSSEN

Sie benötigen für 4 Personen:

etwa 500 g Gemüsezwiebeln
50 g Butter
Salz
½ TL Piment
1 Msp. Kreuzkümmel
1 Knoblauchzehe
1 bis 2 EL Curry
⅛ l Gemüsebrühe
300 bis 400 g Erbsensprossen

außerdem nach Geschmack:

Kräutersalz
1 Knoblauchzehe
250 g Joghurt

So wird's gemacht:

1. Die Zwiebeln schälen und in Scheiben schneiden. Die Butter in einer großen Pfanne oder im Wok zerlassen und die Zwiebeln darin glasig dünsten.

2. Mit Salz, Piment, Kreuzkümmel und der zerdrückten Knoblauchzehe würzen und mit Curry überstäuben.

3. Mit der Gemüsebrühe ablöschen und das Ganze 10 bis 15 Minuten auf mittlerer Flamme gar dünsten.

4. Die Erbsensprossen hinzufügen und noch weitere 5 Minuten ziehen lassen. Eventuell noch einmal mit Curry und etwas Salz nachwürzen.

5. Nach Geschmack den mit Kräutersalz und der zerdrückten Knoblauchzehe gewürzten Joghurt dazureichen.

ERBSENSPROSSENSUPPE

Sie benötigen für 4 Personen:

1 Zwiebel

1 EL Butter

4 Kartoffeln

2 Möhren

1 l Gemüsebrühe

200 g Erbsensprossen

100 g süße Sahne

Kräutersalz

Pfeffer

etwas Zitronensaft

3 EL Alfalfagrün, ersatzweise

Petersilie

So wird's gemacht:

1. Die Zwiebel schälen, in feine Würfel schneiden und in der Butter goldgelb dünsten.

2. Die Kartoffeln schälen, die Möhren putzen, beides in feine Würfel schneiden und zusammen mit der Gemüsebrühe dazugeben. Etwa 10 Minuten auf kleiner Flamme garen.

3. Danach die Erbsensprossen hinzufügen und die Suppe im Mixer pürieren.

4. Die Sahne unterziehen. Die Suppe mit Kräutersalz, Pfeffer und Zitronensaft abschmecken und mit Alfalfagrün oder Petersilie bestreut servieren.

Tip

Servieren Sie die Suppe im Sommer kalt.

Gerste

(Hordeum vulgare)

Die Gerste ist eine der ältesten Kulturpflanzen und stammt aus dem vorderasiatischen Raum. Sie ist sehr widerstandsfähig, kann sich gut an die unterschiedlichsten Klimazonen anpassen und reift durch ihre kurze Vegetationszeit auch noch in sehr kalten Gebieten, wie am Polarkreis und im Himalaja in 4600 m Höhe.

Schon seit Urzeiten werden aus Gerste Brei gekocht und Fladen zubereitet. Sie war bereits bei Hebräern, Griechen und Römern ebenso beliebt wie heute in Nordeuropa.

Da Gerste kein Klebereiweiß enthält, eignet sie sich ohne Beimischung einer kleberreichen Getreidesorte wie Weizen nicht zum Backen von Hefe- und Sauerteigbroten. Dies ist auch einer der Gründe, warum der Weizen sie als wichtiges Getreide verdrängen konnte.

Aber nicht nur in der Ernährung, sondern auch in der Heilkunst spielt die Gerste bei allen Kulturvölkern eine Rolle. Kranke, vor allem Menschen mit empfindlichem Darm, schätzen sie, denn sie stärkt aufgrund ihrer Inhaltsstoffe den Körper, ist leicht verdaulich, hat eine stärkende Wirkung für Bindegewebe und Bandscheiben und hilft auch bei fieberhaften Erkrankungen.

Gerste enthält viele Vitamine (B_1, B_2, Niacin, B, C, E, A, Biotin, Inosit, u. a., eine Fülle an Mineralstoffen sowie andere wichtige Inhaltsstoffe). Gerstenschleim ist daher das ideale Getränk und Gerstenbrei das beste Gericht für Kranke.

Gekeimte Gerste ist übrigens kein Neuling, denn sie wird zur Herstellung von Malz für Bier verwendet. Dabei werden die gekeimten Körner getrocknet, gemahlen und dann mit Wasser gemischt. Geröstete Gerstensprossen dienen außerdem als Kaffee-Ersatz.

Vom Gerstenkorn zur Gerstensprosse und zum Gerstengras

Keimmethode:
Gerstensprossen in der Keimschale oder Keimbox, Gerstengras im Hydrogerät oder auf einem feuchten Tuch
Temperatur:
18 bis 20°C
Wässern:
1. Die Samen gründlich spülen.
2. 8 bis 12 Stunden einweichen.
3. Während des Keimprozesses 1- bis 2mal täglich spülen, das Gras 2mal täglich besprühen.
Ernte:
Gerstensprossen nach 2 bis 3 Tagen, Gerstengrün nach 10 bis 12 Tagen
Ertrag:
1 Eßlöffel Gerste ergibt 2 Eßlöffel Gerstensprossen, bzw. etwa 1/2 Tasse Gerstengras.
Besonderheiten beim Keimen:
Zum Keimen verwendet man eine spelzenlos gezüchtete Sorte, die sogenannte Sprießkorngerste, die in Reformhäusern erhältlich ist.
Beim Keimen sollten Gerstensprossen nicht zu feucht gehalten werden.
Es können sich kleine Faserwürzelchen bilden, die nicht mit Schimmel zu verwechseln sind.
Verwendung:
Gerstensprossen schmecken auffallend süß. Aus diesem Grund eignen sie sich pur hervorragend zum Knabbern zwischendurch, zum Überstreuen von Salaten, Obstspeisen und von Müsli. Man kann sie auch zu Teigwaren und Reisgerichten geben oder als Füllung für Gemüse verwenden. Gerstengras läßt sich ebenso wie Weizengras verwenden.

GERSTENSPROSSEN-SALAT

Sie benötigen für 4 Personen:

150 g Möhren
2 Äpfel
etwa 200 g Gerstensprossen
50 g Walnüsse
2 EL ungeschwefelte Rosinen nach
Geschmack
100 g Tofu

½ Tasse Wasser
Saft von ½ Zitrone
2 EL Öl
1 gestrichenen TL Senf
1 gestrichenen TL Kräutersalz

So wird's gemacht:
1. Die Möhren und die Äpfel waschen, putzen, vom Kerngehäuse befreien und beides grob raspeln. Mit den Gerstensprossen vorsichtig vermengen.

2. Die Walnüsse grob hacken. Die Rosinen waschen, abtropfen lassen und beides unter den Salat heben.
3. Den Tofu mit dem Wasser, dem Zitronensaft, dem Öl sowie dem Senf und dem Kräutersalz im Mixer etwa 60 Sekunden lang zu einer Sauce verrühren. Die Sauce unter den Salat heben und sofort servieren.

41

GERSTENSPROSSEN-KNÄCKEBROT

Sie benötigen für 1 Knäckebrot:

Gerstensprossen aus etwa
150 g Gerste
1 Prise Salz
½ TL Fenchel
und/oder ½ TL gemahlenen Kümmel

So wird's gemacht:

1. Die Gerstensprossen durch einen Fleischwolf drehen oder im Mixgerät hacken.
2. Ohne weitere Flüssigkeitszugabe langsam mit den Händen kneten, bis ein Teig entsteht. Dabei die Gewürze unterarbeiten.

3. Danach den Teig zu handtellergroßen, höchstens fingerdicken Fladen formen und diese auf den Sieben eines Dörrgeräts langsam trocknen lassen.
Sie können die Fladen auch in der Nähe einer anderen Heizquelle oder im Backofen trocknen lassen. Dieser sollte aber höchstens auf 50°C geheizt werden, und die Backofentür muß einen Spalt geöffnet bleiben.

Variation:
Statt der Gerstensprossen können auch andere Getreidesprossen verwendet werden.

BOHNENSALAT MIT GERSTENSPROSSEN

Sie benötigen für 4 Personen:

etwa 400 g Buschbohnen
etwas Bohnenkraut
1 rote Paprikaschote
1 Zwiebel
50 g Walnüsse
4 EL Öl
2 EL Obstessig
1 TL Senf
1 Knoblauchzehe
Kräutersalz
frisch gemahlenen Pfeffer
100 bis 140 g Gerstensprossen

So wird's gemacht:

1. Die Bohnen waschen, putzen und in wenig Salzwasser zusammen mit etwas Bohnenkraut in 20 bis 30 Minuten weichdünsten. Die Bohnen abschütten, das Kochwasser auffangen und anderweitig verwenden. Die Bohnen abkühlen lassen.

2. Die Paprikaschote putzen, von den Kernen befreien und in schmale Streifen schneiden. Die Zwiebel schälen und in feine Würfel schneiden. Die Nüsse grob hacken.

3. Das Öl mit dem Essig und dem Senf verrühren und die Salatsauce mit der zerdrückten Knoblauchzehe, etwas Kräutersalz und Pfeffer würzen.

4. Alle Zutaten mit den Sprossen locker mischen, die Sauce unterziehen, das Ganze zugedeckt $^1/_2$ Stunde durchziehen lassen.

Hafer

(Avena sativa)

Durch Müsli, in dem Haferflocken ein fester Bestandteil sind, gehört Hafer heute zu den bekanntesten Getreidesorten. Da ihm, im Gegensatz zum Roggen und Weizen, das sogenannte Klebereiweiß fehlt, kann er nur zusammen mit anderen Mehlsorten zum Brotbacken verwendet werden.

Aus diesem Grund ist auch der Anteil des Hafers an der gesamten Getreideproduktion äußerst gering.

Hafer kam eigentlich als Unkraut nach Mitteleuropa, wo er als Kulturpflanze angebaut wurde. Auch in China fand man Spuren des Haferanbaus. Die Haferpflanze von anderen Getreidesorten zu unterscheiden ist nicht schwer. Sie hat nämlich als Fruchtstand keine Ähren, sondern Rispen. Außerdem besitzt sie ein saftigeres Grün, das lange erhalten bleibt.

Hafer ist eine der fettreichsten Getreidesorten, die wir kennen. Sie enthält viele ungesättigte Fettsäuren, die hohe Blutfettwerte und den Cholesterinspiegel des Blutes günstig beeinflussen. Außerdem enthält Hafer neben Stärke auch schleimbildende Kohlenhydrate,

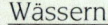

die sogenannten Glykane, durch die er so bekömmlich wird. Hafer eignet sich daher auch in der Krankenkost und für Säuglinge und Kleinkinder. Auch Diabetiker vertragen Hafer besser als andere Getreidesorten, da dieser in stärkerem Maße Fruchtzucker enthält. Hafer besitzt eine Vielfalt von heilenden Wirkungen und gilt außerdem noch aufgrund seines hohen Mineralstoffgehaltes (Natrium, Kalium, Kalzium, Phosphor, Magnesium, Fluor, Zink, Jod, Mangan, Kupfer u. a.) als beste Nahrung bei Ausdauersportarten wie Bergsteigen, Skilanglauf oder Rudern. Hafer liefert darüber hinaus viele wichtige Vitamine (u. a. Karotin, Niacin, Vitamin B_1, C und E).

Vom Haferkorn zur Hafersprosse und zum Hafergras

Keimmethode:
Sprossen in der Keimbox oder Keimschale, Hafergras im Hydrogerät oder auf einem feuchten Tuch
Temperatur:
20°C

Wässern:
1. Die Samen gründlich spülen.
2. Eventuell etwa 4 Stunden einweichen.
3. Während des Keimprozesses 2mal täglich spülen, Hafergras 2mal täglich besprühen.
Ernte:
Hafersprossen nach 2 bis 3 Tagen, Hafergras nach 10 bis 12 Tagen
Ertrag:
1 Eßlöffel Hafer ergibt 2 Eßlöffel Hafersprossen, bzw. etwa ¹/₂ Tasse Hafergras.
Besonderheiten beim Keimen:
Zum Keimen verwendet man eine spelzenlos gezüchtete Hafersorte, einen Nackthafer, der unter der Bezeichnung Sprießkornhafer in Reformhäusern erhältlich ist. Hafersprossen sind mineralstoffreich, vor allem Jod und Fluor, auch der Gehalt an B-Vitaminen steigt während des Keimprozesses ganz beträchtlich an. Hafersprossen können wie alle Getreidesprossen feine Faserwürzelchen bilden, die nicht mit Schimmel zu verwechseln sind.
Verwendung:
Hafersprossen können über Salate und Gemüsegerichte gestreut werden, aber auch Grundlage für ein Müsli sein. Hafergras wird wie Weizengras verwendet.

PORRIDGE MIT HAFER-
SPROSSEN

Sie benötigen für 4 Personen:

etwa 120 g großblättrige
Haferflocken

1 Prise Salz

1 EL Honig

100 g Hafersprossen

Milch oder süße Sahne zum
Übergießen

So wird's gemacht:
1. Die Haferflocken mit $\frac{1}{4}$ Liter
Wasser und dem Salz verrühren,
einmal kurz aufkochen lassen. Den
Topf vom Herd nehmen, den Dek-
kel geschlossen lassen und die
Haferflocken etwa 10 Minuten
quellen lassen, bis ein dicker Brei
entsteht.
2. Den Honig und die Hafersprossen unterrühren und bei Tisch mit
Milch oder Sahne übergießen.

Hirse

(Panicum miliaceum)

Archäologische Funde belegen, daß die Chinesen bereits vor 5000 Jahren Hirse aßen. So gilt Hirse zusammen mit Lein als eine der ältesten Kulturpflanzen der Welt. Auch Ägypter, Sumerer und die alten Römer aßen fast täglich Hirsebrei. Bei uns in Mitteleuropa wurde sie erst im Mittelalter als Nahrungsmittel entdeckt.

Botanisch gesehen gehört Hirse wie alle Getreidearten zur Familie der Gräser. Sie bevorzugt sandige, aber mineralstoffreiche Böden und viel Wärme, damit sie sich in ihrer kurzen Wachstumszeit von nur 100 Tagen gut entwickeln kann. Hirse ist fest von relativ nährstoffarmen Spelzen umschlossen. Man muß diese entfernen, damit Hirse überhaupt genießbar wird. Trotz der fehlenden Spelze ist auch die geschälte Form oft keimfähig.

Hirse wird hauptsächlich zum Kochen und als Mehlzusatz zu kleberhaltigem Getreide bei Gebäck verwendet. Von allen Getreidesorten ist sie, nach Hafer, das vitamin- und mineralstoffreichste Getreide (Vitamin A und Vitamine des B-Komplexes, Eisen, Phosphor, Kalium, Kalzium, Fluor u. a.). Besonders hervorzuheben ist der hohe Eisen-, Fluor- und Kieselsäuregehalt. Letztere kräftigen Haut, Haare, Nägel und Zähne. Insofern ist die leicht verdauliche Hirse nicht nur ein Lebensmittel besonders für ältere Menschen, sondern auch für all jene, die an Hauterkrankungen leiden.

Vom Hirsekorn zur Hirsesprosse

Keimmethode:
Keimschale oder Keimbox
Temperatur:
20°C
Wässern:
1. Die Hirsekörner gründlich abspülen.
2. 8 Stunden einweichen.
3. Während des Keimprozesses 2- bis 3mal täglich spülen.
Ernte:
nach 3 Tagen
Ertrag:
1 Eßlöffel Hirsekörner ergibt etwa 1½ Eßlöffel Hirsesprossen
Besonderheiten beim Keimen:
Hirse ist etwas schwieriger zum Keimen zu bringen. Je nach Sorte kann der Keim beim Entspelzen verletzt werden, so daß die Hirse nicht mehr keimfähig ist.
Naturkostläden haben neuerdings ungeschälte Hirse speziell für die Sprossenzucht vorrätig.
Verwendung:
Hirsesprossen schmecken süßlich. Aus diesem Grund eignen sie sich ausgezeichnet zum Überstreuen von Obstsalaten, Nachspeisen aus Milchprodukten und Suppen. Außerdem kann man sie natürlich auch als Grundlage für ein Müsli verwenden.

TOFUCREME MIT HIRSESPROSSEN

Sie benötigen für 4 Personen:

200 g Tofu
Saft von 1 Orange
eventuell noch etwas Wasser oder Sojamilch
1 bis 2 EL Honig
¼ TL Vanillemark
50 g Kokosraspel
1 Tasse Hirsesprossen
1 Orange

So wird's gemacht:
1. Den Tofu mit dem Orangensaft und nach Bedarf mit etwas Sojamilch oder Wasser im Mixer zu einer cremigen Masse verrühren. Mit dem Honig und dem Vanillemark würzen.
2. Die Kokosraspel sowie die Hirsesprossen unter die Tofucreme heben. Die Orange schälen, in Würfel schneiden und die Tofucreme damit garnieren.

Kichererbse

(Cicer arietinum)

Die Kichererbse stammt ursprünglich aus Südwestasien und wird auch heute noch vorwiegend in Asien und im gesamten Mittelmeerraum angebaut.

Botanisch gesehen gehört sie, wie alle Hülsenfrüchte, zur Familie der Schmetterlingsblütler. Allerdings hat die Kichererbse mit unserer Gartenerbse wenig gemein. Ihr gelblich-weißer Samen ist etwa 2mal größer als der der Gartenerbse. Die Pflanze selbst ist äußerst anspruchslos, sehr widerstandsfähig und verträgt auch große Hitze. In Indien ist sie auch heute noch eine klassische Ergänzung zu Reisgerichten, für den berühmten Couscous ist sie unerläßlich und in Frankreich backt man aus ihrem Mehl hauchdünne Fladen, sogenannte Soccas.

Kichererbsen sind eiweißreich. Zudem enthalten sie viele Vitamine (A, B_1, B_2, Niacin u. a.) und Mineralstoffe (Eisen, Phosphor, Zink, Mangan, Kalium u. a.).

Von der Kichererbse zur Kichererbsensprosse

Keimmethode:
Keimschale oder Keimbox
Temperatur:
18°C
Wässern:
1. Die Samen gründlich spülen.
2. 12 Stunden in reichlich Wasser einweichen.
3. Während des Keimprozesses 3- bis 4mal täglich spülen.
Ernte:
etwa nach 3 Tagen
Ertrag:
1 Tasse Kichererbsen ergibt etwa 4 Tassen Kichererbsensprossen.
Besonderheiten beim Keimen:
Die Samen benötigen sehr viel Platz, Wasser und Sauerstoff. Deshalb sollten sie stets gut gespült werden. Während des Keimprozesses steigt der Karotin- und Vitamin C-Gehalt besonders.
Kichererbsen enthalten Hämagglutinine, die während des Keimprozesses teilweise abgebaut werden. Wer große Mengen verzehrt, sollte die Kichererbsensprossen vor dem Verzehr etwa 5 Minuten erhitzen.
Verwendung:
Kichererbsensprossen schmekken als Salat, als Suppeneinlage, aber auch sehr gut als Gemüse.

KÜRBIS-SPROSSEN-SUPPE

Sie benötigen für 4 Personen:

1 Zwiebel
1 Knoblauchzehe
3 EL Butter
1 Stück Sellerie
2 Möhren
4 Tomaten
¾ l Gemüsebrühe
30 g Hafer
½ l Milch
750 g Kürbis
etwa 100 g Kichererbsensprossen
½ Tasse süße Sahne
Kräutersalz
frisch gemahlenen Pfeffer
2 EL Hefeflocken

So wird's gemacht:

1. Die Zwiebel schälen, in kleine Würfel schneiden. Die Knoblauchzehe schälen und zerdrücken. Die Butter in einem Topf zerlassen, die Zwiebel und die Knoblauchzehe darin glasig dünsten.

2. Das Gemüse waschen, den Sellerie schälen und in kleine Würfel schneiden, die Möhren in Scheiben schneiden und die Tomaten achteln.

3. Alles zu den Zwiebeln geben, 5 Minuten schmoren lassen, dann mit der Gemüsebrühe auffüllen.

4. Den Hafer fein mahlen, in die kochende Suppe rühren und 5 Minuten auf milder Hitze kochen lassen. Anschließend die Suppe pürieren. Die Milch dazugeben.

5. Den Kürbis von den Kernen befreien, schälen und in Würfel schneiden. Etwa 10 Minuten in der Suppe weich dünsten.

6. Nach 5 Minuten die Kichererbsensprossen in die Suppe geben.

7. Zum Schluß die Sahne unterziehen und die Suppe mit Kräutersalz, Pfeffer und den Hefeflocken abschmecken.

KARTOFFELGRATIN MIT KICHERERBSENSPROSSEN

Sie benötigen für 4 Personen:

750 g Kartoffeln
Kräutersalz
Pfeffer
1 Zwiebel
1 Knoblauchzehe
150 bis 200 g Kichererbsensprossen
2 EL Sesam
etwas Butter
4 bis 6 Tomaten
2 TL feingehackten Oregano
1 TL feingehacktes Basilikum
100 g geriebenen Käse

So wird's gemacht:

1. Die Kartoffeln waschen, in wenig Salzwasser gar kochen, pellen und in etwa 1 cm dicke Scheiben schneiden.

2. Die Kartoffelscheiben leicht salzen und pfeffern, vorsichtig mit der feingewürfelten Zwiebel und der zerdrückten Knoblauchzehe sowie mit den Kichererbsensprossen und dem Sesam mischen und in eine gefettete Auflaufform füllen.

2. Die Tomaten in Scheiben schneiden und die Kartoffelscheiben damit belegen. Mit Oregano, Basilikum, Pfeffer und etwas Kräutersalz würzen. Den Käse darüberstreuen und einige Butterflöckchen darauf verteilen.

4. Die Auflaufform auf die mittlere Leiste in den vorgeheizten Backofen schieben und bei 200°C so lange backen, bis der Käse geschmolzen ist. Das dauert 10 bis 15 Minuten.

GESCHMORTE KICHERERBSENSPROSSEN

Sie benötigen für 4 Personen:

1 Zwiebel
2 EL Öl
3 Tassen Kichererbsensprossen
1 TL gemahlenen Koriander
1 TL Kurkuma
½ TL Cayennepfeffer
⅛ l Gemüsebrühe
500 g Tomaten
3 EL süße Sahne
1 TL getrocknetes Basilikum
1 bis 3 Knoblauchzehen
1 EL Zitronensaft
etwas gehackte Petersilie

So wird's gemacht:

1. Die Zwiebel schälen, in feine Würfel schneiden und in dem Öl glasig dünsten.
2. Die Kichererbsensprossen hinzufügen und mit dem Koriander, dem Kurkuma und dem Cayennepfeffer überstäuben. Die Gemüsebrühe hinzufügen und alles etwa 10 Minuten auf kleiner Flamme kochen lassen.
3. In der Zwischenzeit die Tomaten kurz mit heißem Wasser überbrühen und enthäuten. Das Tomatenfleisch würfeln und zum Gericht geben.
4. Die Sahne unterziehen und das Gericht mit dem Basilikum, den zerdrückten Knoblauchzehen und dem Zitronensaft abschmecken. Vor dem Servieren mit etwas Petersilie bestreuen.

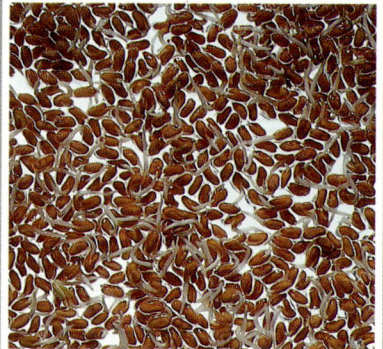

Kresse

(Lepidium sativum)

Die Gartenkresse ist eine kultivierte Form der Brunnenkresse und stammt ursprünglich aus Persien, der Anbau wurde aber bereits von Karl dem Großen empfohlen, und dadurch wurde die Kresse auch in unseren Breiten bekannt und beliebt. Heute ist sie überall in Europa und Asien verbreitet.

Botanisch gesehen gehört die Kresse zur Familie der Kreuzblütler. Sie hat einen pikanten, leicht scharfen Geschmack, den manche als pfeffrig empfinden. Dieses charakteristische Aroma wird vor allem durch die ätherischen Senföle hervorgerufen, die in allen Pflanzen dieser Familie (zum Beispiel Senf und Rettich) zu finden sind. Schon seit dem Altertum ist Kresse nicht nur als Würzmittel, sondern auch als Heilmittel bekannt. Ganz allgemein wirkt sie positiv auf den Stoffwechsel, regt die Nierentätigkeit an und hilft bei rheumatischen Beschwerden und bei Gicht. Aufgrund ihres hohen Vitamin-C-Gehalts stärkt sie die Immunabwehr und ist daher besonders in den Wintermonaten zu empfehlen. Darüber hinaus enthält Kresse viele Vitamine (A, B_1, B_2, Niacin u. a.) und Mineralstoffe wie Kalium, Kalzium, Phosphor.

Vom Kressesamen zur Kressesprosse und zum Kressekraut

Keimmethode:
Sprossen in der Keimschale oder Keimbox, Kressekraut auf einem feuchten Tuch, auf Watte, im Hydrogerät oder speziellen Tongefäßen für die Kresseanzucht
Temperatur:
20°C
Wässern:
1. Die Samen gründlich spülen.
2. Bei der Verwendung der Keimbox die Samen erst am 3. Tag 1mal täglich spülen und die Keimbox immer aufrecht stellen. Kressekraut 2mal täglich ganz leicht besprühen.
Ernte:
Kressesprossen nach 2 Tagen, Kressekraut nach 6 bis 8 Tagen
Ertrag:
1 Eßlöffel ergibt 2 Eßlöffel Kressesprossen, bzw. 1 Tasse Kressekraut.
Besonderheiten beim Keimen:
Wer nur Kressesprossen ernten möchte, verwendet eine kleinblättrige Sorte.
Kressesamen umgeben sich während des Keimprozesses mit einer geleeartigen Hülle und brauchen deshalb wenig Wasser.
Für die Anzucht des Kressekrautes verwenden Sie am besten eine großblättrige Sorte.

Da bei der Kresse die Wurzeln sehr stark miteinander verfilzen, verwendet man diese nicht, sondern schneidet die Blätter vorsichtig ab. Oft wächst die Kresse noch einmal nach und kann noch ein zweites Mal geerntet werden. Eine Ausnahme bilden spezielle Kresseschalen, bei denen die Wurzeln ins Wasser wachsen.
Verwendung:
Kressesprossen werden als Gewürz für Salate, Saucen und Suppen verwendet. Kressegrün gibt man an Salate, Gemüse- und Getreidegerichte, Kräuterquark, Eier und auf Butterbrote.

KRESSESALAT

Sie benötigen für 4 Personen:

Saft von 1 Orange
2 EL Sonnenblumenöl
Kräutersalz
1 Orange
2 bis 4 Tassen Kressekraut

So wird's gemacht:
1. Den Orangensaft mit dem Öl und Kräutersalz nach Geschmack verrühren.
2. Die Orange schälen und in feine Würfel schneiden.
3. Die Orangenwürfel mit der etwas auseinandergezupften Kresse mischen und beides mit der Salatsauce übergießen.

Kürbis

(Cucurbita pepo)

Die Heimat des Kürbisses ist vermutlich Mexiko, aber auch in chinesischen Quellen wurde er schon frühzeitig erwähnt, und zwar »als Kaiser des Gartens«. Im 16. Jahrhundert kamen Kürbispflanzen auch zu uns und sind heute der Stolz vieler Gartenbesitzer. Kürbisse sind mit Gurken und Melonen verwandt, sie kommen in allen Größen, Farben und skurrilen Formen vor. Bis zu 200 verschiedene Sorten, so schätzt man, soll es geben.

In Südeuropa sind viele schon seit Jahrhunderten eine beliebte Speise, in Amerika gehören sie ebenfalls zum Küchenalltag, und auch bei uns finden die verschiedenen Sorten allmählich immer mehr Liebhaber. In der Regel entfernen wir bei der Zubereitung von Kürbisgerichten die Kürbiskerne und werfen sie weg; im Orient dagegen werden sie getrocknet und zwischendurch gerne geknabbert und gekaut.

Dank wissenschaftlicher Untersuchungen weiß man heute, daß die Kerne einiger Kürbissorten Träger gesundheitlich bedeutungsvoller Wirkstoffe sind. Vor allem die weichschaligen, etwa 2 cm großen, flachen, grünen Kerne des Ölkürbisses enthalten diese Wirkstoffe, die als Vorbeugungs- und Therapiemittel bei Blasenschwäche und Prostataleiden eingesetzt werden. Außerdem sind sie ein Mittel gegen Spul- und Bandwürmer, besonders bei Kindern. Kürbiskerne enthalten viel Fett (45–50%) mit einem hohen Anteil ungesättigter Fettsäuren, insbesondere der Linolsäure, unter anderem Vitamin E, Vitamine des B-Komplexes, Karotin und viele Mineralstoffe wie Phosphor, Magnesium, Kalium, Zink und Eisen.

Vom Kürbiskern zur Kürbissprosse

Keimmethode:
Keimschale oder Keimbox
Temperatur:
20°C
Wässern:
1. Die Samen gründlich spülen.
2. Etwa 12 Stunden einweichen.
3. Während des Keimprozesses 3mal täglich spülen.
Ernte:
nach 2 bis 3 Tagen
Ertrag:
1 Eßlöffel Kürbiskerne ergibt etwa 2 Eßlöffel Kürbissprossen
Besonderheiten beim Keimen:
Kürbiskerne sollten nicht länger als drei Tage keimen, da sie sonst bitter werden. Kürbiskerne keimen im Dunkeln besser als bei Licht.
Verwendung:
Die Sprossen schmecken nußartig, sehr gut eignen sie sich zum Überstreuen von Müsli, Suppen und Salaten, aber auch als Zutat beim Backen.

TOPINAMBURCREME-SUPPE MIT KÜRBIS-SPROSSEN

Sie benötigen für 4 Personen:

etwa 300 g Topinambur
1 l Gemüsebrühe
30 g Butter
100 g saure Sahne
2 TL Zitronensaft
etwas abgeriebene Schale von unbehandelten Zitronen
Kräutersalz
frisch geriebene Muskatnuß
4 bis 8 EL Kürbissprossen

So wird's gemacht:

1. Die Topinamburknollen waschen, dabei gründlich abbürsten, nicht schälen. Die Knollen klein schneiden oder grob raspeln.

2. In der Gemüsebrühe in etwa 10 Minuten weich dünsten. Die Suppe pürieren, die Butter und die saure Sahne unterziehen und die Suppe mit Zitronensaft, Zitronenschale, Kräutersalz und Muskatnuß abschmecken.

3. Die Kürbissprossen darüberstreuen, die Suppe nicht mehr kochen, sondern die Sprossen 2 Minuten in der Suppe ziehen lassen.

Lein

(Linum usitatissimum)

Der Lein liefert neben dem wertvollen Leinöl auch noch Fasern, aus denen Gewebe gesponnen wird. Heutzutage sind die Sorten allerdings meist so gezüchtet, daß sie entweder mehr Fasern oder mehr Öl liefern. Letztere sind durch eine reiche Blütenbildung gekennzeichnet und werden hauptsächlich in warmen Gegenden angebaut. In gemäßigteren Zonen finden wir dagegen häufig Sorten mit langen, unverzweigten Stengeln für die Faserherstellung. Bei uns in Deutschland wachsen allerdings auch Sorten, die beide Eigenschaften gut vereinen.

Lein gilt als eine der ältesten Kulturpflanzen. Funde belegen, daß die Pflanze schon in frühesten Kulturen angebaut wurde. So kannten sie schon die Germanen als wichtige Faserpflanze, aber noch viel früher wurden bereits ägyptische Mumien mit Leinfasern umwickelt. Erst später wurde das Leinöl entdeckt. Hippokrates erwähnte es erstmalig in seinen Schriften und hob damals schon die Bedeutung des Samens als Heilmittel hervor. Neben vielen anderen wertvollen Inhaltsstoffen enthalten nämlich die braunen oder gelben Samen der Pflanze viele Schleimstoffe. Diese sind auf der Oberhaut der Samen konzentriert und quellen in Verbindung mit Flüssigkeit auf.

Eine Fähigkeit, die man in der Diätetik nutzt. So verwendet man aufgekochten Lein bei gereiztem Magen und Darm. Als milde Abführmittel gibt man die Samen auch ins Müsli oder ins Brot und streut sie über Salate und Joghurt. Auf diese Weise quellen die Ballaststoffe im Darm auf. Bedingung ist allerdings, daß Sie genügend trinken. Erst dann wird die Peristaltik angeregt. Das goldgelbe Leinöl hat einen großen Anteil an den hochwertigen, mehrfach ungesättigten Fettsäuren Linol- und Linolensäure. Die zuletzt genannte ist für den Organismus essentiell, denn sie wird in Zellmembranen eingebaut und dient als Vorläufer für Hormone. Mangel an essentiellen Fettsäuren führt zu Hautveränderungen.

Wie bereits erwähnt, ist der Leinsamen öl- und eiweißreich. Damit einher geht der hohe Gehalt an Vitamin E. An Mineralstoffen sind Eisen, Kupfer, Magnesium, Jod und Phosphor erwähnenswert.

Vom Leinsamen zur Leinsamensprosse und zum Leinsamengrün

Keimmethode:
größere Mengen (2 bis 3 Eßlöffel) in der Keimbox, 1 Eßlöffel in einer Keimschale. Für Leinsamengrün können die Samen auch auf einem feuchten Tuch ausgebreitet oder ins Hydrogerät gegeben werden.

Temperatur:
etwa 20°C

Wässern:
1. Die Samen vor dem Keimen gründlich spülen.
2. Leinsamen nicht einweichen, sondern jeden 2. Tag spülen bzw. täglich einmal besprühen.

Ernte:
Leinsamensprossen nach 2 bis 3 Tagen (vor der Verwendung gründlich spülen und dann abtropfen lassen, damit die Schleimstoffe entfernt werden), Leinsamengrün nach der Entwicklung der ersten grünen Blättchen bis zum 12. Tag.

Ertrag:
1 Eßlöffel Leinsamen ergibt 1 1/2 Eßlöffel Leinsamensprossen bzw. 1 Tasse Leinsamengrün.

Besonderheiten beim Keimen:
Die Samen für Leinsamengrün nicht zu dicht streuen, denn sie quellen auf und bilden viele Schleimstoffe.

Verwendung:
Leinsamensprossen schmecken nußartig und haben eine ähnliche Wirkung wie der Samen. Aus diesem Grund sind sie eine ausgezeichnete Zutat fürs Müsli und eignen sich hervorragend zum Überstreuen von Salaten, Suppen, Getreide- und Gemüsegerichten. Leinsamengrün läßt sich hervorragend mit Obst kombinieren.

ORANGENSALAT MIT LEINSAMENGRÜN

Sie benötigen für 4 Personen:

4 Orangen
1 Zwiebel
8 grüne Oliven,
nach Geschmack auch mehr
3 EL Sonnenblumenöl
Saft von 1 Zitrone
Kräutersalz
weißen Pfeffer
1 Handvoll Leinsamengrün
2 EL Mandelblättchen

So wird's gemacht:
1. Die Orangen schälen, in Scheiben schneiden und anschließend auseinanderpflücken.
2. Die Zwiebel schälen und in feine Würfel, die Oliven entkernen und in Stücke schneiden. Alle Zutaten miteinander mischen.
3. Aus dem Öl und dem Zitronensaft eine Marinade rühren, mit Kräutersalz und Pfeffer würzen, über die Salatzutaten gießen und diese mehrmals darin wenden.
4. Zum Schluß das Leinsamengrün und die in einer trockenen Pfanne gerösteten Mandelblättchen unterheben.

WINTERLICHES LEIN-
SAMENSPROSSENMÜSLI

__Sie benötigen für 1 Person:__

2 getrocknete Zwetschgen
1 Quitte oder 1 Apfel
eventuell etwas Zitronensaft
1 EL Leinsamensprossen
1 EL Weizensprossen
1 EL Roggensprossen
2 bis 3 EL süße Sahne
1 Walnuß

So wird's gemacht:

1. Die getrockneten Zwetschgen in kleine Stücke schneiden und knapp mit Wasser bedeckt mindestens ½ Stunde einweichen.

2. Die Quitte oder den Apfel mit einem Tuch abreiben, waschen und grob raspeln. Eventuell mit etwas Zitronensaft beträufeln, damit sie nicht braun werden.

3. Sofort mit den Sprossen und den gequollenen Zwetschgenstückchen vermischen, die Sahne unterziehen und mit der grobgehackten Walnuß überstreuen.

SPROSSENDRINK

Sie benötigen für 1 Person:

1 Champignon
½ kleine Möhre
1 EL Zitronensaft
1 bis 2 EL Leinsamengrün,
ersatzweise Alfalfagrün
Kräutersalz
Pfeffer
etwas Petersilie
¼ l Buttermilch

So wird's gemacht:

1. Den Champignon sehr fein würfeln, die geputzte Möhre sehr fein raspeln und beides mit dem Zitronensaft beträufeln.

2. Mit dem feingeschnittenen Leinsamengrün mischen und mit Kräutersalz und Pfeffer pikant abschmecken.

3. Den Glasrand eines hohen Glases in etwas Zitronensaft und dann in feingehackter Petersilie drehen, die Buttermilch vorsichtig eingießen und die Grünkräuter-Gemüse-Mischung anschließend einrühren.

Variation

Einen Spinat-Rettich-Drink können Sie auf die gleiche Weise herstellen. Einige Spinatblätter fein schneiden, mit einer sehr fein gewürfelten Tomate und 1 bis 2 Eßlöffeln Rettichgrün mischen. Mit Kräutersalz, Pfeffer und 3 Blättern frischem, feingehacktem Basilikum abschmecken und in einem hohen Glas mit ¼ l Kefir verrühren.

Linse

(Lens culinaris)

Die Linse ist eine einjährige Hülsenfrucht, die ursprünglich wie ihre Verwandte, die Wicke, rankend wuchs. Heute dagegen findet man nur die strauchartige, etwa 25 cm hohe Form vor. Die Pflanze stammt ursprünglich aus Südwestasien und den Mittelmeergebieten. Auch heute noch wird sie vorwiegend in Ländern mit warmem, trockenem Klima angebaut. Linsen sind eine der ältesten Gemüsearten, die wir kennen. Sie werden bereits in der Bibel erwähnt und waren früher besonders in der Fastenzeit beliebt.

Obwohl Linsen von allen Hülsenfrüchten am leichtesten verdaulich sind, wurden sie in unseren Breiten – bedingt wohl durch die vielen Gemüseimporte aus dem Ausland – ein wenig in den Hintergrund gedrängt. Lediglich in Süddeutschland werden sie noch häufiger gegessen. Linsen mit Spätzle sind hier eine Art Nationalgericht. Entsprechend nach den verschiedenen Sorten gibt es Linsen in ganz unterschiedlichen Farben und Größen. Bei uns sind die bräunlichen Linsen am häufigsten zu finden. Sie werden nach Größen sortiert angeboten: Riesenlinsen mit 7 mm, Tellerlinsen mit 6 mm und Mittellinsen mit etwa 5 mm Durchmesser. Die viel kleineren roten Linsen kommen aus Südfrankreich. Sie schmecken zwar als Hülsenfrucht sehr delikat, da sie aber meist nur geschält in den Handel kommen, sind sie für die Sprossenzucht nicht geeignet. Ein sehr kräftiges Aroma haben die indischen Puy-Linsen. Sie sind sehr klein, haben eine dunkelgrüne, feste Schale und zerkochen daher nicht so leicht.

Linsen sind eiweiß- und vitaminreich (A, B_1, B_2, Niacin, B_6 u. a.) und enthalten viele Mineralstoffe (Kalium, Phosphor, Kalzium, Eisen, Natrium, Mangan, Kupfer etc.)

Von der Linse zur Linsensprosse

Keimmethode:
Keimschale oder Keimbox
Temperatur:
18 bis 20°C
Wässern:
1. Die Samen gründlich spülen.
2. Etwa 8 Stunden einweichen.
3. Während des Keimprozesses etwa 2- bis 3mal täglich spülen.
Ernte:
nach etwa 3 Tagen
Ertrag:
1 Tasse Linsen ergibt 4 bis 6 Tassen Linsensprossen. Der Keim darf bis 3 cm lang werden.

Besonderheiten beim Keimen:
Während des Keimprozesses können sich sehr rasch kleine Blättchen entwickeln. Die Sprossen sollten unbedingt vor diesem Zeitpunkt geerntet werden.
Verwendung:
Linsensprossen schmecken roh sehr gut. Mit ihrem leicht nußartigen Geschmack kann man sie in der Küche überaus vielfältig einsetzen. Sie sind Hauptbestandteil oder nur pikanter Zusatz von Salaten. Sie verfeinern Suppen, Kartoffel- und Getreidegerichte, man mischt sie unter Aufläufe oder verwendet sie beim Backen herzhafter Sprossenkuchen.

LINSENSPROSSEN- GEMÜSE

Sie benötigen für 4 Personen:

1 große Zwiebel
1 Knoblauchzehe
40 g Butter
350 g Möhren
etwa 400 g Linsensprossen
1 TL Thymian
1 TL Oregano
Kräutersalz
⅛ l süße Sahne
1 TL Senf
2 EL Alfalfagrün

So wird's gemacht:

1. Die Zwiebel und die Knoblauchzehe schälen und in feine Würfel schneiden.

2. Die Butter in einer großen Pfanne oder im Wok zerlassen und beides darin glasig dünsten.

3. Die Möhren waschen, dabei gründlich bürsten und entweder grob raspeln oder in dünne Scheiben schneiden.

4. Die Möhren zu den Zwiebelwürfeln geben und unter ständigem Rühren etwa 2 Minuten lang dünsten.

5. Die Linsensprossen ebenfalls hinzufügen, mit Thymian, Oregano und etwas Kräutersalz würzen, unter Rühren 3 Minuten dünsten.

6. Die Sahne mit dem Senf verrühren und das Gemüse damit ablöschen. Mit dem Alfalfagrün bestreut servieren.

61

LINSENSPROSSENSALAT

Sie benötigen für 4 Personen:

200 g Feldsalat
1 bis 2 Orangen
400 g Linsensprossen
8 EL süße Sahne
4 EL Sonnenblumenöl
3 EL Obstessig
1 Knoblauchzehe
Kräutersalz
2 EL Alfalfagrün

So wird's gemacht:

1. Den Feldsalat waschen und putzen. Die Orangen schälen und in Würfel schneiden. Beides mit den Linsensprossen vermengen.

2. Die Sahne mit dem Sonnenblumenöl und dem Essig verrühren und mit der zerdrückten Knoblauchzehe und dem Kräutersalz würzen.

3. Über die Salatzutaten gießen, diese mehrmals darin wenden und den Linsensprossensalat vor dem Servieren mit dem Alfalfagrün bestreuen.

LINSENSPROSSEN-SAUERKRAUT-SALAT

Sie benötigen für 4 Personen:

400 g frisches Sauerkraut
(nicht pasteurisiert)
250 g blaue Weintrauben
100 bis 150 g Linsensprossen
150 g saure Sahne
3 EL Sonnenblumenöl
Kräutersalz

So wird's gemacht:

1. Das Sauerkraut grob auseinanderzupfen. Die Weintrauben waschen, halbieren und entkernen. Zusammen mit den Linsensprossen unter das Sauerkraut heben.

2. Die saure Sahne mit dem Sonnenblumenöl verrühren und mit dem Kräutersalz würzen. Die Sauce vorsichtig mit den Salatzutaten mischen.

Mungobohne

(Phaseolus aureus)

Die Mungobohne, auch Mungbohne oder grüne Sojabohne genannt, wurde in China speziell für die Sprossenherstellung gezüchtet. Sie ist die Königin der Sprossen und aus chinesischen Gerichten nicht mehr wegzudenken. Die Mungobohne wird auch heute noch hauptsächlich in China, Indien, Irak und Ostasien angebaut und in erster Linie als Sprosse gegessen. Sie ist überaus bekömmlich und ihr Geschmack erinnert ein wenig an zarte junge Gartenerbsen. Da sie ganz unproblematisch keimt, ist sie besonders für Anfänger der Sprossenzucht die ideale Bohne. Mungobohnen enthalten viele Vitamine (A, B_1, B_2, Niacin, C und E) und sind mineralstoffreich (Kalzium, Eisen, Phosphor, Kalium, Magnesium u. a.).

Von der Mungobohne zur Mungobohnensprosse

Keimmethode:
Keimschale oder Keimbox
Temperatur:
18 bis 20°C
Wässern:
1. Die Samen gründlich spülen.
2. Etwa 12 Stunden einweichen.
3. Während des Keimprozesses 2- bis 3mal täglich spülen.
Ernte:
nach 3 bis 4 Tagen
Ertrag:
1 Tasse Samen ergibt 5 bis 6 Tassen Sprossen.
Besonderheiten beim Keimen:
Die Mungobohne keimt sehr unproblematisch, so daß man Anfängern nur empfehlen kann, mit ihr Erfahrungen in der Sprossenzucht zu sammeln. Die Sprosse zeichnet sich während des Keimprozesses durch einen enormen Anstieg an Vitaminen aus.
Etwa ab dem 4. Tag verliert die Sprosse ihre grüne Farbe und ihren süßlichen Geschmack. Sie wird blaßlila und schmeckt eher herb.
Verwendung:
Mungobohnensprossen sollten Sie möglichst oft roh essen. Sie schmecken zu allen Salaten, Nudeln, Reis, Suppen und Gemüsekuchen. Noch ein Tip: Entfernen Sie vor der Zubereitung die nicht gekeimten Sprossen, sie sind unangenehm hart und schmecken nicht.

SPROSSENPUFFER

Sie benötigen für 4 Personen:
1 kleine Zwiebel
1 Zweig Basilikum
8 EL Mungobohnensprossen
50 g frisch gemahlenen Weizen
1 bis 2 Eier
Pfeffer
Kräutersalz
Öl zum Backen

So wird's gemacht:
1. Die Zwiebel schälen und in feine Würfel schneiden, das Basilikum putzen und fein hacken. Die Mungobohnensprossen mit der Zwiebel und dem Basilikum mischen.
2. Das Weizenvollkornmehl und das Ei hinzufügen, mit Pfeffer und Kräutersalz würzen und gut verrühren, so daß ein glatter Teig entsteht.
3. Aus diesem flache, etwa handtellergroße Puffer formen. Nacheinander in heißem Öl auf mittlerer Flamme goldgelb backen.

CHINAKOHLSALAT MIT MUNGOBOHNEN-SPROSSEN

Sie benötigen für 4 Personen:

etwa 400 g Chinakohl

½ bis 1 Ananas, je nach Größe und Geschmack

150 g Mungobohnensprossen

1 Becher saure Sahne

Saft von 1 Orange

2 EL Sojasauce

3 EL Sesamöl

½ TL Ingwer

½ TL Kräutersalz

eventuell 1 zerdrückte Knoblauchzehe

50 g Walnüsse

So wird's gemacht:

1. Den Chinakohl waschen, putzen und in dünne Streifen schneiden. Die Ananas schälen, vierteln, den Strunk in der Mitte herausschneiden und das Fruchtfleisch würfeln. Zusammen mit den Mungobohnensprossen zu den Chinakohlstreifen geben.

2. Aus der sauren Sahne, dem Orangensaft, der Sojasauce, dem Sesamöl, Ingwer, Kräutersalz und der Knoblauchzehe eine Salatsauce rühren und diese unter die Salatzutaten heben. Mit den grob gehackten Walnüssen bestreuen.

KOHLRABI-MUNGO-BOHNENSPROSSEN-SALAT

Sie benötigen für 4 Personen:

etwa 300 bis 400 g Kohlrabi

150 g Möhren

50 bis 100 g Mungobohnensprossen

1 Eigelb

2 TL Zitronensaft

5 EL Sonnenblumenöl

2 EL Joghurt

1 TL Senf

Kräutersalz

frisch gemahlenen Pfeffer

3 EL Alfalfagrün, ersatzweise

Petersilie und/oder Schnittlauch

So wird's gemacht:

1. Die Kohlrabi schälen und grob raspeln. Zarte Kohlrabiblätter nicht wegwerfen, sondern klein-schneiden und mitverwenden. Die Möhren putzen und ebenfalls grob raspeln. Zusammen mit den Mungobohnensprossen zum Kohlrabi geben.

2. Das Eigelb mit dem Zitronen-saft, dem Öl, dem Joghurt und dem Senf verrühren und die Sauce mit Kräutersalz und Pfeffer würzen. Unter die Salatzutaten ziehen und mit Alfalfagrün bestreuen.

BUNTER KÜRBISSALAT

Sie benötigen für 4 Personen:

2 bis 3 kleine Sommerkürbisse oder Zucchini
2 Tomatenpaprika
etwa 150 g saure Sahne
2 EL Sonnenblumenöl
1 EL Senf
2 EL feingeschnittenen Schnittlauch
2 Zweige Zitronenmelisse
Kräutersalz
Zitronensaft
5 EL Mungobohnensprossen

So wird's gemacht:

1. Die Kürbisse oder Zucchini waschen und mit der Schale in feine Würfel schneiden.
2. Die Tomatenpaprika ebenfalls waschen, von den Kernen befreien und in schmale Streifen schneiden.
3. Die saure Sahne mit dem Sonnenblumenöl und dem Senf verrühren. Den Schnittlauch und die feingehackte Zitronenmelisse hinzufügen und die Sauce mit Kräutersalz und Zitronensaft abschmecken.
4. Kürbis- oder Zucchiniwürfel, Paprikastreifen und Mungobohnensprossen miteinander mischen und die Salatsauce unterziehen.

KARTOFFELSALAT MIT MUNGOBOHNEN-SPROSSEN

Sie benötigen für 4 Personen:

750 g Kartoffeln
5 EL Öl
5 EL Obstessig
Kräutersalz
frisch gemahlenen Pfeffer
1 Zwiebel
2 EL Kürbiskerne
etwa 100 g Mungobohnensprossen
2 Handvoll Rettichgrün

So wird's gemacht:

1. Die Kartoffeln waschen, in wenig Salzwasser mit der Schale weich kochen, pellen und in Scheiben schneiden.

2. Das Öl mit dem Essig verrühren, mit Kräutersalz und Pfeffer würzen, über die Kartoffelscheiben gießen, diese mehrmals darin wenden und anschließend zugedeckt etwa 1 Stunde durchziehen lassen.

3. Die Zwiebel schälen und in feine Würfel schneiden. Zusammen mit den Kürbiskernen, den Mungobohnensprossen und dem Rettichgrün unter die Kartoffelscheiben heben und sofort servieren.

GEBACKENE ZUCCHINI MIT MUNGOBOHNENSPROSSEN

Sie benötigen für 4 Personen:

1 EL Öl
1 Knoblauchzehe
500 g Tomaten
Kräutersalz
frisch gemahlenen Pfeffer
1 EL feingeschnittene Oreganoblättchen
1 TL Rosmarinnadeln
750 g Zucchini
200 g saure Sahne, Joghurt oder Crème fraîche
40 g geriebenen Parmesankäse
50 g Mungobohnensprossen, nach Geschmack auch mehr

So wird's gemacht:

1. Eine große Auflaufform mit dem Öl einpinseln und mit der geschälten, halbierten Knoblauchzehe ausreiben.

2. Die Tomaten waschen, den Blütenansatz herausschneiden und die Tomaten in Scheiben schneiden, den Boden der Auflaufform damit auslegen.

3. Anschließend die Tomatenscheiben mit dem Kräutersalz, dem frisch gemahlenen Pfeffer, den feingeschnittenen Oreganoblättchen und Rosmarinnadeln sowie der zerdrückten Knoblauchzehe würzen.

4. Die Zucchini waschen, halbieren und mit der Schnittseite nach unten auf die Tomaten legen.

5. Die Auflaufform auf die mittlere Leiste in den kalten Backofen schieben und bei 220°C etwa 30 Minuten backen.

6. Die saure Sahne, Joghurt oder Crème fraîche mit dem Parmesankäse und den Mungobohnensprossen verrühren und mit Kräutersalz und Pfeffer abschmecken.

7. Die Masse über die Zucchini gießen und noch so lange überbacken, bis der Guß leicht gebräunt ist.

Rettich

(Raphanus sativus)

Rettich gehört wie Meerrettich, Kresse, Senf und Kohl zur Familie der Kreuzblütler. Er ist eine alte Kulturpflanze und war bei den Ägyptern ebenso beliebt wie bei den Griechen und Römern. Letztere aßen genau wie wir heute in erster Linie die Wurzeln der Pflanze, nur die ärmere Bevölkerung verspeiste im alten Rom auch die Blätter.

Schon im Altertum galt der Rettich nicht nur als Lebensmittel, sondern auch als Heilmittel für Gallen-, Leber- und Bronchialleiden, denn er wirkt entzündungshemmend, reinigend, desinfizierend und wassertreibend.

In unseren Gärten werden heutzutage die verschiedensten Rettichsorten angebaut: weiße und rote Frühlings- und Sommerrettiche, schwarze Winterrettiche und als nahe Verwandte die vielen Radieschensorten. Ihr charakteristischer Geschmack kann äußerst scharf, je nach Sorte aber auch mild sein, hervorgerufen wird er stets durch die in ihm enthaltenen schwefelhaltigen Senföle. Neben diesen Senfölen enthalten die Samen und die Sprossen bzw. das Grün viel Vitamin C, Vitamin B_1, B_2 und Niacin sowie wenig Karotin. Bei den Mineralstoffen sind unter anderem Kalium, Kalzium, Phosphor, Natrium und Eisen nennenswert.

Vom Rettichsamen zur Rettichsprosse und zum Rettichgrün

Keimmethode:
Rettichsprossen in einer Keimschale oder in der Keimbox, Rettichgrün im Hydrogerät oder auf einem feuchten Tuch

Temperatur:
18 bis 20°C

Wässern:
1. Die Samen gründlich spülen.
2. Samen für Sprossen müssen nicht unbedingt eingeweicht werden, für die Grünanzucht Samen besser 4 Stunden lang einweichen.
3. Während des Keimprozesses 2- bis 3mal täglich spülen, Rettichgrün 2mal täglich besprühen.

Ernte:
Sprossen nach 3 bis 4 Tagen
Rettichgrün nach 7 bis 10 Tagen

Ertrag:
1 Eßlöffel Samen ergibt 2 bis 3 Eßlöffel Rettichsprossen, bzw. 1/2 Tasse Rettichgrün.

Besonderheiten beim Keimen:
Rettich wächst problemlos zu Sprossen und Grünkraut heran. Da der Same das Wachstum von Bakterien, Hefen und Schimmelpilzen hemmt, mischt man gerne einige Rettichsamen unter andere Samen, insbesondere unter Hülsenfrüchte. Auch in den im Handel angebotenen Mischungen ist häufig Rettich enthalten.

Verwendung:
Je nach Rettichsorte ist der Geschmack der Rettichsprosse oder des Rettichgrüns scharf oder mild. Rettichsprossen werden als Gewürz für Salate, Saucen und pikante Quarkspeisen verwendet. Rettichgrün kann unter Salate oder Blattgemüse gemischt, aber auch zu Eintöpfen gegeben werden. Ähnlich wie die Wurzel ist auch das Grün bei Erkältungskrankheiten lindernd. Zudem regt es die Magensekretion an.

MÖHREN-BANANEN-RAGOUT MIT RETTICHGRÜN

Sie benötigen für 4 Personen:

etwa 500 g Möhren
2 EL Butter
Saft von 1 unbehandelten Zitrone
1 Becher süße Sahne
1 TL Curry
frisch gemahlenen Pfeffer
etwas Salz
etwa 400 g Bananen
4 EL Rettichgrün
(etwa 8 Tage gekeimt)

So wird's gemacht:

1. Die Möhren waschen, gründlich bürsten, putzen und in Streifen schneiden oder grob raspeln.
2. In der zerlassenen Butter etwa 5 Minuten dünsten. Mit dem Zitronensaft ablöschen und noch weitere 5 Minuten garen.
3. Die Sahne und das Currypulver hinzufügen und mit Pfeffer und Salz würzen.
4. Die Bananen schälen, in Scheiben schneiden und dazugeben.
5. Das Rettichgrün über das Ragout streuen und zu einem Risotto servieren.

PIKANTER APFELSALAT

Sie benötigen für 4 Personen:

4 mittelgroße Äpfel
1 Möhre
Zitronensaft
¼ l süße Sahne
½ TL Paprika
¼ TL gemahlenen Ingwer
frisch gemahlenen Pfeffer
Kräutersalz
1 Handvoll Rettichgrün,
nach Geschmack auch mehr
eventuell 2 EL feingeschnittenen
Schnittlauch

So wird's gemacht:

1. Die Äpfel waschen, wenn nötig schälen, vom Kerngehäuse befreien und in dünne Streifen schneiden. Die Möhre gründlich bürsten, wenn nötig schälen und dann grob raspeln.

2. Die Apfelspalten und Möhrenraspel miteinander vermengen und mit Zitronensaft beträufeln, damit sie nicht braun werden.

3. Die Sahne steif schlagen, mit Paprika, Ingwer, Pfeffer und Kräutersalz würzen und mit dem Rettichgrün unter die Apfelspalten heben. Nach Geschmack mit Schnittlauch bestreut servieren.

FENCHEL-RETTICH-SALAT

Sie benötigen für 4 Personen:

2 bis 3 Fenchelknollen (etwa 400 g)

4 Tomaten

1 Orange

1 Banane

⅛ l süße Sahne

½ Becher Joghurt

3 EL Olivenöl

2 TL Zitronensaft

1 Prise Gewürzfenchel

½ TL Paprikapulver

weißen Pfeffer

Salz

1 bis 2 EL Rettichsprossen oder

2 Handvoll Rettichgrün

nach Geschmack

So wird's gemacht:

1. Die Fenchelknollen und die Tomaten waschen und putzen. Dabei etwas von dem Fenchelgrün zurückbehalten. Die Fenchelknollen in dünne Streifen schneiden und die Tomaten achteln.

2. Die Orange und die Banane schälen. Die Orange in Würfel und die Banane in Scheiben schneiden. Alle Salatzutaten locker miteinander mischen.

3. Aus der Sahne, dem Joghurt, dem Öl und dem Zitronensaft eine Marinade rühren, und diese mit Gewürzfenchel, Paprika, Pfeffer und Salz abschmecken.

4. Die Sauce unter das Gemüse ziehen und die Rettichsprossen oder das Rettichgrün vorsichtig untermengen. Mit dem gehackten Fenchelgrün bestreuen.

Roggen

(Secale cereale)

Der Roggen zählt zu den sogenannten sekundären Kulturpflanzen, denn er kam nämlich zunächst nur als Unkraut des Wei-
zens vom Kaukasus über Klein-
asien nach Europa. Etwa 1000
v. Chr. wurde er dann – neben Hafer und Gerste – zum Grundnahrungsmittel. Denn Roggen liebt
kühles Klima und stellt an den Boden wesentlich geringere Ansprü-
che als Weizen.
Die Germanen schätzten den Roggen sehr; die Römer urteilten da
allerdings ganz anders. So Plinius:
»Roggen ist ein minderwertiges
Zeug und zur Stillung des Hungers
gut. Seine Ähre ist zwar körner-
reich und ausgezeichnet durch ihr
Gewicht, aber sein Mehl ist wider-
lich durch seine dunkle Farbe…«
Auch heute noch wird Roggen
hauptsächlich gemahlen und zu
Sauerteigbroten verbacken. Sein
Mehl ist nicht nur wesentlich dun-
kler als das von Weizen, sondern
auch aromatischer im Geschmack.
Aufgrund seines hohen Mineralstoffgehalts wirkt Roggen kräfti-
gend auf alle Organe, Zähne und
Knochen. Neben Kalium sind
Phosphor, Eisen, Magnesium,
Fluor, Kalzium und Mangan zu er-
wähnen. Bei den Vitaminen sind
vor allem Vitamin B_1, Niacin, Karotin hervorzuheben.

Vom Roggenkorn zur Roggensprosse und zum Roggengras

Keimmethode:
Keimschale oder Keimbox
Temperatur:
18°C
Wässern:
1. Die Körner gründlich spülen.
2. 12 Stunden einweichen.
3. Sprossen während des Keimprozesses 2mal täglich spülen, das
Roggengras dann 2mal täglich besprühen.
Ernte:
Roggensprossen nach 2 bis 3 Tagen, Roggengras nach 10 bis
12 Tagen
Ertrag:
1 Eßlöffel Roggen ergibt 2 Eßlöffel
Roggensprossen, bzw. 1/2 Tasse
Roggengras
Besonderheiten beim Keimen:
Es bilden sich feine Faserwürzelchen, die nicht mit Schimmel zu
verwechseln sind.
Wenn die Roggensprossen wei-
terwachsen, sehen sie zunächst
rosafarben aus. Der Keim wird erst
unter Einfluß des Lichts grün.
Verwendung:
Roggensprossen haben einen
leicht süßlichen Geschmack. Sie
eignen sich zum Bestreuen von
Obstsalaten und Suppen oder Salat oder Müsli. Roggengras kann
wie Weizengras verwendet und
zubereitet werden.

CHICORÉESALAT MIT ROGGENSPROSSEN

Sie benötigen für 4 Personen:
500 g Chicoréestauden

2 reife Birnen

1 Banane

1 bis 2 Kiwi

100 g süße Sahne

3 EL Sonnenblumenöl

etwas Zitronensaft

Kräutersalz

½ TL Honig

4 EL Roggensprossen,
nach Geschmack auch mehr

So wird's gemacht:

1. Die Chicoréestauden waschen, putzen und das untere bittere Ende keilförmig herausschneiden. Anschließend in etwa fingerdicke Stücke schneiden.

2. Die Birnen halbieren, entkernen und in kleine Würfel schneiden, die Banane und die Kiwi schälen, beides in dünne Scheiben schneiden.

3. Die Sahne mit dem Sonnenblumenöl und etwas Zitronensaft verrühren und mit Kräutersalz und Honig würzen. Die Sauce und die Roggensprossen unter den Salat ziehen.

Senf

(Sinapis alba und Brassica nigra)

Senf ist ein Verwandter von Meerrettich, Kresse, Rettich, weißer Rübe und sämtlichen Kohlarten, denn sie alle gehören zur Familie der Kreuzblütler.

Als sehr alte Kulturpflanze stammt Senf ursprünglich aus Vorderasien. Heute baut man ihn hauptsächlich in Indien, allen Mittelmeerländern, auf dem Balkan und in den Niederlanden an. Zuerst schätzten die Gärtner den Senf als anspruchslose, robuste und schnell keimende Gründüngungspflanze. Als Gewürz verwendet man ihn in unseren Breiten erst in jüngerer Zeit regelmäßig: zum Beispiel zum Einlegen von Gurken und Mischgemüse, zum Würzen von Gurken, Kürbis und Kohl ebenso wie von Hülsenfrüchten, Pilzen und hartgekochten Eiern. Die ganzen Körner werden dabei allerdings nicht mitgekocht, sondern man läßt sie nur kurz mitziehen, da sonst der Senfgeschmack verlorengeht. Besonders gerne aber wird das gemahlene Senfkorn zu Speisesenf, auch Mostrich genannt, verarbeitet.

In der Naturheilkunde sind Senfkörner außerdem ein beliebtes Heilmittel, können sie doch die Verdauung fördern, Darmkrankheiten heilen und ganz allgemein stoffwechselanregend wirken. Äußerlich angewendet ist ein Brei aus fein gemahlenen Senfkörnern ein schmerzlinderndes Mittel bei Entzündungen und rheumatischen Beschwerden.

Aufgrund seines hohen Fettgehalts gehört Senf übrigens zu den Ölsaaten. So kann aus ihm auch ein kaltgepreßtes Öl hergestellt werden, das etwa 10 Monate haltbar ist. Seinen charakteristischen scharfen Geschmack erhält Senf durch schwefelhaltige Senfölglykoside und verschiedene Bitterstoffe. Senfsamen enthalten darüber hinaus relativ viel Eiweiß, Vitamine (Karotin, B_1, B_2, C) und Mineralstoffe (Schwefel, Phosphor, Kalium, Eisen u. a.).

Vom Senfsamen zur Senfsprosse und zum Senfgrün

<u>Keimmethode:</u>
Sprossen in der Keimschale oder Keimbox, Senfgrün auf einem feuchten Tuch oder im Hydrogerät
<u>Temperatur:</u>
18 bis 20°C
<u>Wässern:</u>
1. Die Samen gründlich spülen.
2. Für Sprossen brauchen die Senfsamen nicht eingeweicht zu werden. Für Grünkräuter sollen sie 8 Stunden gewässert werden.

3. Während des Keimprozesses die Sprossen einmal täglich spülen, Senfgrün einmal täglich besprühen.
<u>Ernte:</u>
Senfsprossen nach 2 bis 3 Tagen, Senfgrün nach 8 Tagen
<u>Ertrag:</u>
1 Eßlöffel Senfsamen ergibt 2 Eßlöffel Senfsprossen oder 1/3 Tasse Senfgrün.
<u>Besonderheiten beim Keimen:</u>
Senf umgibt sich beim Keimen mit einer gallertartigen Hülle und braucht deshalb wenig Wasser. Bei zu großer Feuchtigkeit besteht die Gefahr, daß die Samen ersticken. Aus diesem Grund für die Anzucht von Senfgrün die Samen nicht zu dicht säen.

Bei der Verwendung der Keimbox sollte diese aufrecht stehen. Sobald sich dort die ersten grünen Blättchen zeigen, sollte nur noch von unten gewässert werden.

Der feine weiße Flaum, der sich meist gleich nach der Keimung bildet, besteht aus Faserwürzelchen, die nicht mit Schimmel zu verwechseln sind.
<u>Verwendung:</u>
Senfsprossen sind ein scharfes Gewürz. Ebenso wie die grünen Blättchen würzen sie Salate, Saucen, Säfte und Quarkspeisen. Die grünen Blättchen können auch pur auf ein Butterbrot gegeben werden.

SENFSAUCE

Sie benötigen für 4 Personen:

1 großen Apfel

1 bis 2 Eier

2 Handvoll Senfgrün

1 EL Senfsprossen

3 EL saure Sahne

Kräutersalz

Pfeffer

So wird's gemacht:

1. Den Apfel entkernen und grob reiben. Die Eier hart kochen und schälen. Das Senfgrün grob zerschneiden.

2. Alles mit den Senfsprossen und der sauren Sahne im Mixer oder mit dem Handrührgerät pürieren und mit Kräutersalz und Pfeffer abschmecken.

FRISCHKÄSECREME

Sie benötigen für 4 Personen:

125 g Frischkäse

2 EL Joghurt

etwas Zitronensaft

Pfeffer

Salz

2 Handvoll Senfgrün

1 Handvoll Rettichgrün oder

1 TL geriebenen Meerrettich

So wird's gemacht:

1. Den Frischkäse mit dem Joghurt und etwas Zitronensaft glattrühren und mit Pfeffer und Salz würzen.

2. Das Senfgrün und das Rettichgrün mit einem Wiegemesser fein wiegen und unter die Frischkäsecreme ziehen.

Sesam

(Sesamum indicum)

Sesam ist eine der ältesten Ölpflanzen, die wir kennen. Sie wurde schon vor 5000 Jahren in Indien angebaut.

Das Sesamkraut hat weiße oder rötliche Blüten, die dem bei uns wachsenden Fingerhut ähneln. Die Samen befinden sich in vielfächrigen Kapseln. Heutzutage wird Sesam hauptsächlich in Indien, China und Afrika angebaut.

Aus den Samen preßt man in erster Linie das hochwertige Sesamöl. Dieses wird besonders wegen seines hohen Anteils an ungesättigten Fettsäuren geschätzt. Da es lange haltbar ist, verwendet man es auch gerne zur Stabilisierung von anderen Ölen. In der asiatischen Küche ist Sesamöl Würzmittel und Öl zugleich.

Die ganzen oder gemahlenen Samen verfeinern Brote und Gebäck und dienen der Herstellung von Süßigkeiten. Dabei schmeckt und duftet Sesam am besten, wenn er kurz vor seiner Verwendung leicht geröstet und in einer Gewürzmühle gemahlen oder in einem Mörser leicht zerstoßen wird.

Die asiatische Küche kennt zwei weitere Sesamprodukte: Gomasio, das aus gemahlenem, geröstetem Sesam und Meersalz hergestellt wird; es ist ein traditionelles asiatisches Allzweckgewürz. Tahin, ein Sesammus, kann man in Naturkostläden und asiatischen Geschäften kaufen. Es dient ebenfalls als Würzmittel für Saucen, Gemüse- und Getreidegerichte und als Brotaufstrich.

Neben den hochwertigen Fettsäuren enthalten die Sesamsamen Vitamin E und sind gute Kalziumlieferanten (40 g Sesam enthalten soviel Kalzium wie $\frac{1}{2}$ l Milch). Daneben wurden in Sesamsamen Karotin, Vitamin B_1, B_2 Niacin, Eisen, Phosphor und Kieselsäure nachgewiesen.

Vom Sesamsamen zur Sesamsprosse

Keimmethode:
Keimschale oder Keimbox
Temperatur:
20°C
Wässern:
1. Die Samen gründlich spülen.
2. 4 bis 6 Stunden einweichen.
3. Während des Keimprozesses 2mal täglich spülen.
Ernte:
nach 2 Tagen
Ertrag:
1 Eßlöffel ergibt $1\frac{1}{2}$ Eßlöffel Sesamsprossen
Besonderheiten beim Keimen:
Für die Sprossenzucht darf nur ungeschälte Sesamsaat verwendet werden. Sesamsprossen werden nach 2 Tagen bitter und verlieren ihren Nußgeschmack.
Sesamsaat ist schwer zum Keimen zu bringen.
Verwendung:
Ebenso wie die Samen kann man Sesamsprossen über Kartoffelgerichte, Gemüse und Obstsalate streuen oder zur Herstellung von Backwaren verwenden.

SESAMSPROSSEN-KUGELN

Sie benötigen für 4 Personen:

60 g Honig
60 g Fermentgetreide (Reformhaus)
30 g gemahlene Haselnüsse
Sesamsprossen zum Wälzen

So wird's gemacht:

1. Den Honig mit dem Fermentgetreide und den gemahlenen Haselnüssen mischen.
2. Aus der Masse kleine Kugeln formen und diese in den Sesamsprossen wälzen. Vor dem Servieren an der Luft etwas antrocknen lassen.

SESAMSPROSSENPASTE

Sie benötigen für 4 Personen:

1 Tomate
1 Zwiebel
1 Knoblauchzehe
3 EL Weizen
½ TL Kräutersalz
1 bis 2 gestrichene EL Sesammus (Tahin)
1½ EL Sesamsprossen

So wird's gemacht:

1. Die Tomate kreuzweise einschneiden, mit kochendem Wasser überbrühen und enthäuten. Die Zwiebel schälen, fein reiben, die Knoblauchzehe schälen, zerdrücken, den Weizen fein mahlen.
2. Alles mit dem Kräutersalz und dem Sesammus mit dem Handrührgerät pürieren, so daß eine streichfähige Paste entsteht. Ganz zum Schluß die Sesamsprossen untermengen.

Gelbe Sojabohne
(Glycine max)

Die gelbe Sojabohne ist wohl die vielseitigste Hülsenfrucht, die wir kennen. Vom Aussehen her ähnelt sie unserer Buschbohne, allerdings kann sie je nach Sorte zwischen 30 cm und 2 m hoch werden. Unter den Hülsenfrüchten spielt sie aufgrund ihres hohen Eiweißgehaltes und ihres hohen Fettgehaltes eine ganz besondere Rolle. Kein Wunder also, daß sie den Menschen im ostasiatischen Raum schon seit über 2000 Jahren als Grundnahrungsmittel dient und auch »als Fleisch des Feldes« bezeichnet wird. Dort wird die Sojabohne in Gemüsegerichten gekocht, die unseren Hülsenfruchteintöpfen vergleichbar sind. Die Sojabohne läßt sich aber auch ganz ausgezeichnet mahlen. So verbessern Zusätze von Sojamehl nicht nur die Backeigenschaften von Brot und Gebäck, sondern helfen – übrigens auch bei der Herstellung von Teigwaren – Eier einzusparen.

Doch damit nicht genug. In Asien wird schon immer Sojamilch hergestellt, die ähnlich wie die Kuhmilch verwendet werden kann, zum Beispiel bei der Zubereitung von Mixgetränken, Süßspeisen, Gebäck und Joghurt. Für viele Allergiker ist Sojamilch als Eiweißlieferant von großer Bedeutung. Tofu, der berühmte, leicht verdauliche und äußerst vielseitige Sojabohnenquark, wird mit Hilfe eines Gerinnungsmittels aus dieser Milch gewonnen. Aus fermentierten Sojabohnen werden darüber hinaus eine Paste namens Miso und die berühmte Sojasauce hergestellt. Mit beiden kann man Gemüse- und Getreidegerichte sowie Saucen ganz ausgezeichnet würzen.

Obwohl die Sojabohne so wertvoll ist, hat es sehr lange gedauert, bis auch im Westen der hohe Nährwert der Sojabohne für den Menschen erkannt wurde. Denn genau wie vor 100 Jahren, als die »Wunderbohne« von den USA aus ihren Siegeszug in die westliche Welt antrat, wird der weitaus größte Teil der Welternte immer noch als Viehfutter verwendet. Sojabohnenzusätze finden sich außerdem in vielen industriell hergestellten Nahrungsmitteln, zum Beispiel Fertiggerichten, Babynahrung, Gebäck, Schokolade, Wurstwaren usw. In technischen Industriebetrieben dienen sie u. a. als Emulgatoren.

Das sogenannte Sojafleisch (TVP = textured vegetable protein) ist ein in hohem Maße denaturiertes Nahrungsmittel, das durch mehrere chemische, energieaufwendige Prozesse entsteht und deshalb nicht zu empfehlen ist.

Sojabohnen enthalten, wie bereits erwähnt, einen hohen Eiweißanteil mit relativ guter Qualität. Zudem ist die Sojabohne ein Öllieferant mit einem hohen Anteil an Linolsäure. Darüber hinaus liefert sie Karotin, Vitamin B_1, B_2, Niacin, Pantothensäure, Vitamin E und K. Bei den Mineralstoffen sind Kalium, Kalzium, Phosphor, Magnesium und Fluor erwähnenswert.

Von der Sojabohne zur Sojabohnensprosse

Keimmethode:
Keimschale oder Keimbox
Temperatur:
18 bis 20°C
Wässern:
1. Die Samen gründlich spülen.
2. Etwa 12 Stunden einweichen.
3. 3- bis 4mal täglich gründlich spülen.
Ernte:
nach 3 bis 4 Tagen
Ertrag:
1 Tasse Sojabohnen ergibt etwa 4 Tassen Sojabohnensprossen.
Besonderheiten beim Keimen:
Die Sojabohne sollte besonders oft und gründlich gespült werden, da sie schnell zur Gärung neigt. Nicht gekeimte Bohnen sollte man unbedingt baldmöglichst aussortieren. Untersuchungen belegen, daß vor allem der Gehalt an Vitamin C in 3 Tagen um das 5fache zunimmt.
Verwendung:
Sojasprossen finden sich in vielen asiatischen Gerichten. Bei den Rezepten wird allerdings nie klar unterschieden, ob es sich dabei um die Sprossen der gelben Sojabohne oder der grünen Mungobohne handelt. Verwenden können Sie beide Bohnenarten. Die Sprossen der gelben Sojabohne werden traditionellerweise im Wok oder einer entsprechend großen Pfanne 3 bis 5 Minuten unter Rühren gebraten. Man kann sie aber auch 3 bis 5 Minuten über Wasserdampf erhitzen, um Vitamine, Enzyme und andere wertvolle Nährstoffe zu schonen.

CHINESISCHE GEMÜSEPFANNE

Sie benötigen für 4 Personen:

250 g Tofu
Sojasauce
80 g Butter
etwa 300 g Chinakohl
200 g Lauch
150 g Staudensellerie

100 g Möhren
1 Knoblauchzehe
1 Tasse Gemüsebrühe
150 bis 200 g Sojabohnensprossen
1 TL gemahlenen Ingwer
1 Prise Piment
1 bis 2 TL Curry
Salz
2 EL Sesamöl
eventuell 2 EL Sonnenblumenkerne oder Kürbiskerne

So wird's gemacht:

1. Den Tofu in Würfel schneiden, mit Sojasauce beträufeln und etwa 2 Stunden ziehen lassen. Anschließend in 40 g Butter unter Wenden anbraten und beiseite stellen.

2. Das Gemüse waschen und putzen. Den Chinakohl in feine Streifen, den Lauch in dünne Ringe, den Staudensellerie in kleine Stükke und die Möhren in kleine Würfel schneiden. Den Knoblauch fein schneiden.

3. Die restliche Butter im Wok oder einer entsprechend großen Pfanne zerlassen. Den feingeschnittenen Knoblauch darin andünsten und das Gemüse nach und nach unter ständigem Rühren dazugeben. Wenn alles gut gemischt ist, etwa 3 Minuten unter ständigem Rühren braten. Die Gemüsebrühe hinzufügen und noch 3 bis 5 Minuten weiterdünsten.

4. Die Tofuwürfel und die Sojabohnensprossen untermischen und das Ganze mit den Gewürzen, dem Sesamöl und Sojasauce abschmecken. Nach Geschmack mit Sonnenblumenkernen oder Kürbiskernen bestreut servieren.

Sonnenblume
(Helianthus annuus)

Die Heimat der Sonnenblumen ist Südamerika, dort wurden sie von den Inkas gezüchtet. Ihre Samen brachten Seefahrer im 16. Jahrhundert mit nach Europa, und die Pflanzen mit ihren großen gelben Blüten sind seitdem in unseren Gärten heimisch geworden. Erst viel später, nämlich Anfang des 19. Jahrhunderts, wurde die Bedeutung der Sonnenblume als Ölpflanze bei uns entdeckt.

Da Sonnenblumen besonders gut in trockenen und warmen Gegenden wachsen, baut man sie heute hauptsächlich in der Sowjetunion, Südosteuropa, Südafrika, Südamerika und in den USA an.

Die Samen der Sonnenblumen galten schon bei den Indianern als wertvolles Nahrungsmittel, bei uns allerdings werden sie nur zu einem ganz geringen Teil direkt verwendet. Ähnlich wie Nüsse kann man sie nämlich ins Müsli, ins Brot oder ins Gebäck geben, oder man streut sie – eventuell leicht geröstet – über Salate und Gemüse. Aus dem größten Teil der Welternte preßt man jedoch Öl. Dieses ist reich an ungesättigten Fettsäuren, insbesondere an Linolsäure. Dabei enthalten zum Beispiel 100 g Sonnenblumenöl bis zu 70 g Linolsäure, somit decken bereits wenige Gramm den Tagesbedarf (10 g) für Erwachsene. Die markhaltigen Stengel der Sonnenblume werden heute auch als Viehfutter geschätzt. Indianer dagegen bereiteten Säfte aus den Stengeln zu und verrührten sie mit den Blättern und Samen zu einer Paste, mit der sie giftige Stiche behandelten. Neben dem hohen Fettanteil liefern die Sonnenblumenkerne 20 bis 40% Eiweiß, die Vitamine E, B_1, B_2, Niacin u.a. sowie Kalzium, Eisen und andere Mineralstoffe.

Vom Sonnenblumenkern zur Sonnenblumensprosse und zum Sonnenblumengrün

Keimmethode:
Sprossen in der Keimschale oder Keimbox, Sonnenblumengrün im Hydrogerät
Temperatur:
20°C
Wässern:
1. Die Kerne gründlich spülen.
2. Etwa 6 Stunden einweichen, ungeschälte Kerne 12 Stunden einweichen.

3. Während des Keimprozesses 2- bis 3mal täglich spülen, Sonnenblumengrün 2mal täglich besprühen.
Ernte:
Sonnenblumensprossen nach spätestens 2 Tagen, Sonnenblumengrün nach 8 Tagen
Ertrag:
1 Eßlöffel Sonnenblumenkerne ergibt 2 bis 3 Eßlöffel Sonnenblumensprossen, bzw. 1 Tasse Sonnenblumengrün.
Besonderheiten beim Keimen:
Für die Anzucht von Sprossen können Sie geschälte Sonnenblumenkerne verwenden. Sonnenblumengrün wächst aus ungeschälten Sonnenblumenkernen heran.
Verwendung:
Sonnenblumensprossen können ganz ähnlich wie die Kerne verwendet werden. Mit ihrem milden Geschmack verfeinern sie alle Salate, Suppen, Nachspeisen und das morgendliche Müsli.
Beim Sonnenblumengrün hat das ganze Pflänzchen ein nußartiges Aroma, das alle Salate und Gemüsegerichte raffiniert verfeinert.

Möhren-Mangold-Pfanne mit Sonnenblumensprossen

Sie benötigen für 4 Personen:

1 große Zwiebel
40 g Butter
500 g Möhren
750 bis 1000 g Mangold
Salz
frisch gemahlenen Pfeffer
frisch geriebene Muskatnuß
150 g saure Sahne
4 bis 8 EL Sonnenblumensprossen

So wird's gemacht:

1. Die Zwiebel schälen, in feine Würfel schneiden und in der zerlassenen Butter glasig dünsten.

2. Die Möhren waschen, dabei gründlich abbürsten und nur wenn unbedingt nötig schälen, in dünne Scheiben schneiden. Zur Zwiebel geben, das Ganze mit etwas Wasser ablöschen und zugedeckt etwa 7 Minuten dünsten.

3. In der Zwischenzeit den Mangold waschen, putzen und in schmale Streifen schneiden, dabei die dickeren Stiele mitverwenden. Zu den Möhren geben und so lange dünsten, bis er zusammengefallen ist. Dabei ab und zu wenden.

4. Das Gericht mit den Gewürzen abschmecken. Die saure Sahne unterrühren und die Sprossen darüberstreuen.

MÖHRENGEMÜSE

Sie benötigen für 4 Personen:

500 g Möhren
60 g Butter
Salz
1 TL abgeriebene Schale einer unbehandelten Zitrone
2 Handvoll Sonnenblumengrün

So wird's gemacht:

1. Die Möhren waschen, dabei gründlich bürsten und nur bei Bedarf schälen. In sehr kleine Stifte schneiden oder grob raspeln.

2. Die Butter im Wok oder einer entsprechend großen Pfanne zerlassen und die Möhrenstifte unter ständigem Rühren 3 bis 5 Minuten darin dünsten.

3. Das Gemüse mit Salz und Zitronenschale abschmecken und das Sonnenblumengrün unterheben. Das Gericht nicht mehr kochen lassen.

HIRSECRÊPES MIT SONNENBLUMENQUARK

Sie benötigen für 4 Personen:

Für die Crêpes:

3 Eier

1 EL Honig

¼ TL Vanillemark

100 g Hirse

30 g Weizen

¼ l Milch

100 g süße Sahne

Öl zum Ausbacken

Für den Sonnenblumenquark:

250 g Quark

50 g getrocknete Feigen,
in Wasser eingeweicht

2 EL Nußmus

Saft und Schale
von ½ unbehandelten Zitrone

½ TL Zimt

1 Msp. Ingwer

etwas Milch zum Glattrühren

2 Handvoll Sonnenblumengrün

So wird's gemacht:

1. Die Eier mit dem Honig und dem Vanillemark schaumig schlagen, die feingemahlene Hirse und den feingemahlenen Weizen sowie die Milch hinzufügen und alles im Mixer gut miteinander verrühren. Etwa eine halbe Stunde quellen lassen.

2. Die Sahne unterrühren, etwas Fett in einer Pfanne zerlassen, eine halbe bis eine ganze Schöpfkelle des Teiges hineingeben, dünn auseinander laufen lassen und den Pfannkuchen auf beiden Seiten goldgelb backen. Aus dem restlichen Teig auf die gleiche Weise nacheinander alle Crêpes backen und bis zum Servieren warm stellen.

3. Den Quark mit den feingeschnittenen eingeweichten Feigen, dem Nußmus, den Gewürzen, dem Zitronensaft und der Milch glattrühren. Das Sonnenblumengrün unter den Quark heben und zu den Crêpes servieren.

Weizen

(Triticum aestivum)

Weizen ist das Getreide, das heute an erster Stelle in der Weltproduktion steht. Es ist das Grundnahrungsmittel von gut der Hälfte der Erdbevölkerung.

Die Weizenpflanze gehört zu den Gräsern und wird seit etwa 5000 Jahren kultiviert. Eine der ältesten Weizenformen ist der sogenannte Einkorn, der heute noch wild im Nahen Osten wächst, bei uns aber keine Bedeutung hat. Weizen ist eine anspruchsvollere Pflanze als der Roggen. Jede Landschaft konnte in einer ungeheueren Artenvielfalt ihre spezielle Weizensorte entwickeln. Doch leider sind diese vielen Sorten nicht mehr gefragt. Heute gibt es im Handel nur noch wenige Arten, sogenannte Hybridweizen, bei denen das Getreide auf hohen Ertrag, kurzen Halm usw. gezüchtet wird. Eigenschaften, die in den industriellen Ernteprozeß passen und die Abhängigkeit von chemischen Düngern und Pflanzenschutzmitteln fördern.

Schon immer wurde der Weizen wegen seines milden Geschmacks und seiner guten Backeigenschaf-

ten geschätzt, die er einem hohen Kleberanteil verdankt. Weniger bekannt ist, daß man das ganze Weizenkorn auch kochen und zu Salaten und Aufläufen zubereiten kann. So wird auch in unseren Breiten Weizen hauptsächlich gemahlen und zu Brot, Gebäck und Teigwaren verarbeitet. Üblicherweise benutzt man aber dazu nicht den frisch gemahlenen Weizen, sondern das weiße Auszugsmehl. Bei diesem fehlen die Randschichten und der Keim des Korns völlig und damit leider auch die meisten seiner wertvollen Inhaltsstoffe. Diese sind vor allem Vitamin B_1, aber auch B_2, Niacin, Pantothensäure und andere Vitamine sowie Magnesium, Phosphor, Eisen, Natrium, Kalium u. a.

Vom Weizenkorn zur Weizensprosse und zum Weizengras

Keimmethode:
Weizensprossen in der Keimschale oder Keimbox, Weizengras im Hydrogerät oder auf einem feuchten Tuch
Temperatur:
20°C
Wässern:
1. Den Weizen gründlich spülen.
2. 12 Stunden einweichen.
3. Während des Keimprozesses die Sprossen 2mal täglich spülen, das Weizengras 2mal täglich besprühen.

Ernte:
Weizensprossen nach 2 bis 3 Tagen, Weizengras nach 8 bis 12 Tagen
Ertrag:
1 Eßlöffel Weizen ergibt 2 bis 3 Eßlöffel Sprossen und etwa 1/2 Tasse Weizengras.
Besonderheiten beim Keimen:
Weizensprossen bilden beim Keimen feine Faserwürzelchen, die nicht mit Schimmel zu verwechseln sind. Der Keim sollte höchstens so lang wie das Korn sein.
Verwendung:
Weizensprossen haben wie alle Getreidesprossen einen süßlichen Geschmack, der gut mit süßen und pikanten Zutaten harmoniert. Sie können über Salate und Obstspeisen gestreut werden, man kann sie aber auch zu Quark oder pikanten Saucen servieren.

Das süßliche Weizengras kann einfach gekaut werden, wie Schnittlauch zerschnitten und unter Salate gemischt oder zu Saft gepreßt werden. Hierzu benötigen Sie jedoch eine spezielle Saftpresse von der Firma Biokosma (siehe Bezugsquellen, Seite 96).

SOMMERLICHES SPROSSENFRÜHSTÜCK

Sie benötigen für 4 Personen:

120 g großblättrige Haferflocken

etwa 100 g Weizensprossen

200 g Kefir oder Dickmilch

250 g Erdbeeren

200 g Himbeeren

1 Handvoll Sonnenblumengrün, ersatzweise 4 EL Sonnenblumensprossen oder Sonnenblumenkerne

So wird's gemacht:

1. Die Haferflocken mit den Weizensprossen und dem Kefir oder der Dickmilch mischen.

2. Das Obst waschen, gut abtropfen lassen, verlesen und die Erdbeeren halbieren oder vierteln. Mit den Haferflocken und den Weizensprossen mischen.

3. Portionsweise in kleine Schüsselchen füllen und mit Sonnenblumengrün oder mit den Sonnenblumensprossen garnieren.

Variationen:

Statt der Weizensprossen können Sie andere Getreidesprossen und Obst der jeweiligen Jahreszeit entsprechend verwenden.

KÜRBISSALAT

Sie benötigen für 4 Personen:

etwa 600 g Kürbis oder Zucchini
100 g Mungobohnensprossen
Saft von ½ Zitrone
Saft von 1 Orange
4 EL Sesamöl
½ bis 1 TL Sojasauce
Kräutersalz
¼ TL Paprikapulver
½ bis 1 TL Senf
2 Tassen Weizengras

So wird's gemacht:

1. Den Kürbis schälen, einmal durchschneiden und die Kerne mit einem Löffel entfernen. Anschließend das Fruchtfleisch grob raspeln.

2. Die Mungobohnensprossen vorsichtig unter die Kürbisraspel heben.

3. Den Zitronensaft mit dem Orangensaft, dem Sesamöl und der Sojasauce verrühren. Mit Kräutersalz, Paprikapulver und Senf pikant abschmecken.

4. Die Sauce über den Salat gießen und diesen mehrmals darin wenden. Das Weizengras fein schneiden und darüberstreuen.

GRÜNKRÄUTERSALAT

Sie benötigen für 4 Personen:
1 Handvoll Weizengrün	
1 Handvoll Bockshornkleegrün	
1 Handvoll Sonnenblumengrün	
½ Schale Alfalfagrün	
aus dem Hydrogerät	
¼ bis ½ Tasse Linsensprossen	
¼ bis ½ Tasse Mungobohnen-	
sprossen	
4 EL Sonnenblumenöl	
1 bis 2 EL Obstessig	
½ TL Kräutersalz	
1 Tomate	

So wird's gemacht:
1. Das Weizengrün in feine Röllchen schneiden, die restlichen Grünkräuter vorsichtig auseinanderzupfen und beides mit den Linsen- und Mungobohnensprossen vermengen.
2. Das Öl mit dem Essig und dem Kräutersalz verrühren und unterziehen. Den Grünkräutersalat mit Tomatenachteln garnieren.

Samenmischungen

Ganz nach Geschmack können Sie schon beim Keimen im Hinblick auf die spätere Verwendung bestimmte Samen mischen. Ihrer Phantasie sind dabei keine Grenzen gesetzt.

1. Möglichkeit:
3 EL Alfalfa und 1 EL Rettich
2. Möglichkeit:
1 EL Linsen, 1 EL Mungobohnen, 1 EL Alfalfa und 1 TL Rettich oder Senf
3. Möglichkeit (Grünkräutermischung):
je 1 TL Kresse, Senf, Rettich und Bockshornklee

Auch im Handel werden inzwischen von verschiedenen Firmen Samenmischungen angeboten. Sie sind äußerst praktisch, da sie portionsweise abgefüllt sind, so daß Sie mit einer Samenportion immer eine ausgewogene Sprossenmahlzeit erhalten.

Einige Beispiele:
1. Gutsherren-Mischung (Fink GmbH):
Geschmack: mild-würzig; bestehend aus Alfalfa, Linse, Mungobohne und Rettich
2. Feinschmecker-Mischung (Fink GmbH):
Geschmack: delikat; bestehend aus Alfalfa und Rettich
3. Balkan-Mischung (Fink GmbH):
Geschmack: scharf-würzig; bestehend aus Mungobohne und Rettich
4. Frühlings-Mischung (Fink GmbH):
Geschmack: mild; bestehend aus Alfalfa, Leinsaat und Rettich
5. Mild-aromatische Mischung (Biosnacky):
bestehend aus Mungobohne, Linse und Rettich
6. Salatmischung Bio-Salad (Firma Bergs):
bestehend aus Mungobohne, Alfalfa, Linsen, Bockshornklee und Senf

GEMISCHTER SPROSSENSALAT

Sie benötigen für 4 Personen:

1 EL Linsen, Mungobohnen, Alfalfa und Rettich, 4 bis 5 Tage gekeimt
100 g Feldsalat
1 Orange
1 Becher saure Sahne
Saft von ½ Orange
1 TL Senf
1 TL Paprika
Kräutersalz
1 Knoblauchzehe
50 g Walnüsse
1 Bund Schnittlauch nach Geschmack

So wird's gemacht:

1. Die Sprossenmischung vor der Zubereitung des Salats grob auseinanderzupfen. Den Feldsalat waschen und putzen, die Orange in Würfel schneiden. Alle Zutaten locker miteinander mischen.

2. Die saure Sahne mit dem Orangensaft und dem Senf verrühren und mit Paprika, Kräutersalz und der zerdrückten Knoblauchzehe pikant abschmecken.

3. Die Salatsauce vorsichtig unterziehen und den Salat mit gehackten Walnüssen und nach Belieben fein geschnittenem Schnittlauch bestreut sofort servieren.

GRÜNER SPROSSEN-KARTOFFEL-SALAT

Sie benötigen für 4 Personen:

1 kg Kartoffeln
Kräutersalz
frisch gemahlenen Pfeffer
1 Zwiebel
gut 1 Tasse Gemüsebrühe
1 TL Senf
2 EL Essig
3 EL Sonnenblumenöl
1 Avocado
etwa 50 g Kresse
je 50 g Alfalfa- und Rettichsprossen
6 bis 8 Tage gekeimt

So wird's gemacht:

1. Die Kartoffeln waschen, in wenig Salzwasser kochen, pellen, noch warm in Scheiben schneiden und in eine Schüssel geben. Dabei jede Schicht salzen und pfeffern.

2. Die Zwiebel schälen und in feine Würfel schneiden, unter die Kartoffeln mischen.

3. Die Gemüsebrühe erhitzen, den Senf darin verrühren und den Essig und das Öl hinzufügen.

4. Die Marinade noch heiß über die Kartoffelscheiben gießen und anschließend abgedeckt ziehen lassen. Ab und zu die Kartoffelscheiben in der Marinade wenden.

5. In der Zwischenzeit die Avocado halbieren, den Kern herausnehmen, das Fruchtfleisch schälen und in dünne Scheiben schneiden. Die Kresse und die Sprossen auseinanderzupfen.

6. Erst wenn die Marinade eingezogen ist, die Avocadoscheiben und die Kresse sowie die Sprossen zufügen und alles vorsichtig mischen.

BOHNENSALAT MIT SPROSSEN

Sie benötigen für 4 Personen:

250 g Buschbohnen

1 Zweig Bohnenkraut

150 g Tomaten

etwa 70 g mild-aromatische Sprossenmischung von Biosnacky (Mungobohne, Linse und Rettich), 5 Tage gekeimt

3 EL Balsam- oder anderer Essig

3 EL Sonnenblumenöl

frisch gemahlenen Pfeffer

Kräutersalz

1 zerdrückte Knoblauchzehe

2 EL Alfalfagrün

So wird's gemacht:

1. Die Buschbohnen waschen, putzen und zusammen mit dem Bohnenkraut in wenig Salzwasser 10 bis 20 Minuten garen, bis sie weich sind. Abkühlen lassen.

2. Die Tomaten waschen, den Blütenansatz entfernen und die Tomaten achteln. Zusammen mit der Sprossenmischung unter die Bohnen geben.

3. Aus den übrigen Zutaten eine Marinade rühren und unter den Salat ziehen. Den Salat etwa $1/2$ Stunde durchziehen lassen und vor dem Servieren mit Alfalfa-grün bestreuen.

GRATINIERTE SPROSSENPFANN-KUCHEN

Sie benötigen für 4 Personen:

Für den Teig:
150 g Weizen
2 Eier
etwa ¼ l Mineralwasser
2 EL Hefeflocken
Kräutersalz

Für die Füllung:
je 1½ EL Alfalfa und Rettich,
6 bis 7 Tage gekeimt

Für die Sauce:
70 g Tomatenmark (selbstgemacht)
⅛ l Gemüsebrühe
1 TL Thymian
1 TL Basilikum
1 TL Oregano
1 TL Rosmarin
1 Knoblauchzehe
100 g süße Sahne

zum Bestreuen:
40 g geriebenen Parmesankäse

So wird's gemacht:

1. Für den Teig den Weizen fein mahlen, mit den Eiern und dem Mineralwasser verrühren und mit den Hefeflocken und dem Kräutersalz würzen. Anschließend etwa ½ Stunde quellen lassen.

2. Nacheinander in heißem Öl aus dem Teig 8 dünne, kleine Pfannkuchen backen.

3. Eine Auflaufform einfetten und die Sprossenmischung auseinanderzupfen.

4. Auf jeden Pfannkuchen etwa 2 EL der Sprossenmischung geben (3 EL der Sprossen zurückbehalten). Die Pfannkuchen zusammenrollen und nebeneinander in die Auflaufform legen.

5. Das Tomatenmark mit der warmen Gemüsebrühe verrühren und mit Thymian, Basilikum, Oregano und Rosmarin sowie der zerdrückten Knoblauchzehe würzen.

6. Die Sahne unterziehen und die Sauce über die Pfannkuchen gießen. Das Ganze mit dem Parmesankäse bestreuen.

7. Die Auflaufform auf die mittlere Leiste in den heißen Backofen schieben und bei 200°C etwa 10 Minuten überbacken, bis der Käse geschmolzen ist. Zum Schluß mit den restlichen Sprossen verzieren.

Sprossen in Sahnesauce

Sie benötigen für 4 Personen:

1 bis 2 Zwiebeln

30 g Butter

1 EL Alfalfa, 1 EL Leinsamen und
1 TL Rettich, 6–8 Tage gekeimt

¼ l süße Sahne

⅛ l Milch

2 EL geriebenen Parmesankäse

Kräutersalz

frisch gemahlenen Pfeffer

etwas Zitronensaft

So wird's gemacht:

1. Die Zwiebeln schälen, in feine Würfel schneiden und in der Butter glasig dünsten.

2. Die Sprossenmischung auseinanderzupfen, hinzufügen, einige Minuten mitdünsten, dann die Sahne, die Milch und den Parmesankäse hinzufügen.

3. Die Sauce mit Kräutersalz, frisch gemahlenem Pfeffer und Zitronensaft abschmecken.

Die Sprossensauce schmeckt zu Nudeln, Pellkartoffeln, Reis und anderen Getreidegerichten.

Bezugsquellen

KEIMGERÄTE
Biosnacky und Biosnacky-Keimli
Biokosma GmbH
Postfach 5509
7750 Konstanz
erhältlich in Reformhäusern

Keimfrischbox und Keimfrisch-
Küchen-Garten
Fink GmbH
7033 Herrenberg
erhältlich in Reformhäusern

Kresseschalen
Carl Sperling
Pflanzenzüchter
2120 Lüneburg
erhältlich im Samenfachhandel

Keimbox
Markus Bihler
Am Bollenberg 3
7706 Eigeltingen
erhältlich in Naturkostläden

Keimfix
Acculux
Witte + Sutor GmbH
Postfach 1354
7157 Murrhardt/Württ.

HYDROGERÄT
von der Firma Biokosma
Adresse siehe oben

GRASPRESSE
von der Firma Biokosma
Adresse siehe oben

Verschiedene andere Keimgeräte in
Naturkostläden und im Versandhandel

Rezeptverzeichnis

In gleicher Ausstattung sind erschienen:
Brotbacken · Grillen · Italienische Küche · Chinesische
Küche · Lieblingsrezepte · Kalte Platten · Salate ·
Vegetarische Küche · Garnieren und Verzieren ·
Fondues und Raclettes · Single Küche · Cocktails ·
Vollwertküche · Flambieren

CIP-Titelaufnahme der Deutschen Bibliothek

Bustorf-Hirsch, Maren:
Keime und Sprossen in der Naturküche / Maren
Bustorf-Hirsch. – Niedernhausen/Ts.: Falken-Verlag, 1988
    (Falken-Sachbuch)
    ISBN 3–8068-4299-X

ISBN 3 8068 4299 X

©1988 by Falken-Verlag GmbH, 6272 Niedernhausen/Ts.
Titelbild und Fotos: TLC-Foto-Studio GmbH, Bocholt
Die Ratschläge in diesem Buch sind von Autor und Verlag
sorgfältig erwogen und geprüft, dennoch kann eine Garantie
nicht übernommen werden. Eine Haftung des Autors bzw.
des Verlages und seiner Beauftragten für Personen-, Sach-
und Vermögensschäden ist ausgeschlossen.
Satz: LibroSatz, Kriftel bei Frankfurt
Druck: Appl, Wemding

817 2635 4453 6271